JEAN MESCHINOT

LES LUNETTES

DES PRINCES

PARIS

Cabinet du Bibliophile

M DCCC XC

LES LUNETTES

DES PRINCES

2059

CABINET DU BIBLIOPHILE

N° XXXV

TIRAGE

250 exemplaires sur papier de Hollande (n°s 31 à 280).
  15   —   sur papier de Chine (n°s 1 à 15).
  15   —   sur papier Whatman (n°s 16 à 30).

280 exemplaires, numérotés.

163

JEAN MESCHINOT

LES LUNETTES

DES PRINCES

PUBLIÉES

AVEC PRÉFACE, NOTES ET GLOSSAIRE

PAR

OLIVIER DE GOURCUFF

PARIS

LIBRAIRIE DES BIBLIOPHILES

Rue de Lille, 7

M DCCC XC

JEAN MESCHINOT

ET

LES LUNETTES DES PRINCES

———

A bibliographie a sauvé les *Lunettes des Princes* d'un oubli complet. Tant d'éditions ont été faites de cet ouvrage, et des imprimeurs si renommés, les Vostre, les Pigouchet, les Galiot du Pré, y ont mis la main, que les curieux s'en souviennent et le recherchent encore. Mais on peut douter que ceux mêmes qui l'ont placé sur le rayon de choix de leurs livres rares, entre deux incunables grecs ou latins, aient entrepris de le lire. Nul ne « se baigne en Meschinot », comme au temps de Marot, et les *Lunettes des Princes*, que Charles-Quint ajustait sur son nez impérial, sont aujourd'hui sacrées à la façon des odes de Lefranc de Pompignan : personne n'y touche. Sur la foi du titre, on

les rapproche parfois du *Prince* de Machiavel : c'est
dire à quel point on les ignore.

Jean Meschinot n'est pas beaucoup mieux
connu que son livre. Les anciens bibliographes se
bornent à dire qu'il naquit à Nantes et fut maître
d'hôtel des ducs de Bretagne. Guillaume Colletet
n'avait eu garde de l'omettre dans ses *Vies des
poètes français ;* nous avons extrait cette notice de
la copie partielle du précieux manuscrit de Colletet
que possède la Bibliothèque Nationale et l'avons
publiée à part (à Vannes, Imprimerie Lafolye, 1889).
Un seul écrivain moderne, M. P. Levot, dans la
Biographie bretonne, a pu donner, sur la vie de
Meschinot, quelques indications concluantes ; les
renseignements qui suivent sont tirés de cet excel-
lent travail. Nous avons consulté aussi la notice de
Colletet.

Jean Meschinot, sieur des Mortières, connu
aussi sous le nom de *Banni de Liesse,* qu'il se donne
dans une requête adressée au duc de Bretagne
François II, naquit vers 1430, probablement à
Nantes. Il entra très jeune au service du duc
Jean V,

> De ce bon duc qui tant de bien faisoit ;

il remplit les fonctions de *maître d'hôtel* auprès de
ce prince, de ses successeurs, Pierre, Artus et

François II, et de la duchesse Anne, devenue reine
de France. Il fit valoir ses talents poétiques à la
cour, dans l'élite de beaux esprits qu'Anne de
Bretagne avait su grouper autour d'elle. On le
trouve honoré de la confiance de Guillaume de
Crouÿ, le gouverneur de Charles-Quint, qui lui
commanda des vers sur la mort de madame de
Bourgogne, de l'estime des deux Marot, et de
l'amitié de Georges Chastelain, le célèbre chroni-
queur bourguignon, qui lui donnait des refrains ou
princes de ballades. Il ne semble pas que ces fré-
quentations illustres et la protection des princes
l'aient beaucoup enrichi ; voici un douzain où il se
représente vieux et indigent :

> J'ay eu robes de martres et de bievre,
> Oyseaulx et chiens à perdris et à lievre ;
> Mais de mon cas c'est piteuse besongne.
> S'en celuy temps je fus jeune et enrievre,
> Servant dames à Tours, à Meun sur Hievre,
> Tout ce qu'en ay rapporté c'est vergongne,
> Vieillesse aussi, rides, toux, boutz et rongne,
> Et memoire qu'il faut que mort me pongne,
> Dont j'ay accés trop plus maulvais que fievre.
> Car je congnois que tout plaisir m'eslongne,
> Et à la fin que verité tesmongne :
> Je me voy nud de sens comme une chievre.

Il continue sur ce ton de plainte :

> Mes maistres morts, mon honneur est dechu,
> Et tout malheur m'est en partage eschu.

M. Levot ne croit pas à la sincérité de ces lamentations ; il y voit « ou une morosité fâcheuse, ou une cupidité que ne purent satisfaire les libéralités dont Meschinot convient lui-même avoir été l'objet ». Quoi qu'il en soit, le poète mourut dans une condition humble et dans un âge avancé.

La Croix du Maine et Du Verdier avaient prétendu « qu'il florissoit fort l'an 1500 ». Colletet, plus exact déjà, reportait sa mort à 1498 environ. M. Levot a tiré la solution véritable d'une épitaphe de Meschinot, qui se trouve dans une édition non datée des *Lunettes des Princes*, imprimée à Paris par Pierre Le Caron ; cette épitaphe, en dix-sept vers, commence ainsi :

> Mil cinq cens neuf moins plus non
> Douze en septembre...

Niceron et Goujet ont lu « 1509 », alors qu'il faut lire : Mil cinq cents (*neuf en moins, et non en plus*), ou 1491. Jean Meschinot est donc mort le 12 septembre 1491. D'ailleurs, la première édition des *Lunettes des Princes*, imprimée à Nantes, chez Larcher, en 1493, porte déjà : « feu Meschinot » ; on l'appelle aussi « noble homme, écuyer, *en son vivant* maître d'hôtel de la reine de France ».

Il est probable que Meschinot écrivain ne s'en tint pas aux *Lunettes des Princes*, mais ces fameuses

Lunettes, sur lesquelles les contemporains ne tarissent pas d'éloges, éclipsèrent la réputation de ses autres écrits. Des juges bien superficiels ont pu seuls lui attribuer certains ouvrages de François Habert, d'Issoudun, qui prit, à son exemple, le surnom mélancolique du *Banni de Liesse;* les deux poètes, que près d'un siècle sépare, diffèrent du tout au tout : Meschinot parle la langue encore gothique d'Alain Chartier et d'Eustache Deschamps, Habert est un pur ronsardien.

On a toujours imprimé, à la suite des *Lunettes des Princes,* un recueil de vingt-cinq ballades, et, depuis la deuxième édition (1494), on n'a pas cessé d'y joindre des *Additions,* qui renferment des pièces très variées, depuis des vers sur la Passion et une oraison à la Vierge, sous forme d'acrostiche, jusqu'à une complainte sur le trépas de la duchesse de Bourgogne, à une prosopopée de la ville de Nantes qui se plaint de l'interdit, et à une requête très chagrine, en prose, adressée à François II, duc de Bretagne. Les ballades ne sont pas mal tournées, et plus d'une fait penser à Marot, nous n'osons dire à Villon; les additions sont de véritables mélanges où l'auteur passe sans transition d'un cantique à une supplique. Mais ballades et additions sont deux ouvrages absolument distincts des *Lunettes,* et que nous n'aurions pu, sans superfétation, réimprimer avec celles-ci.

Les *Lunettes des Princes* forment donc un tout complet. Dans un entretien qu'il a avec la Raison, et qui rappelle beaucoup les dialogues entre Boëce et la Sagesse, dans la *Consolation de la Philosophie,* Meschinot nous donne ainsi les raisons qui l'ont porté à choisir ce titre : « Saches, me dit la « Raison en me présentant les lunettes, que je « leur ay donné à nom *les Lunettes des Princes,* non « pour ce que tu soyes prince ou grand seigneur « temporel, car trop plus que bien loin es-tu d'un « tel estat, valeur ou dignité, mais leur ay princi- « palement ce nom imposé pour ce que tout « homme peut estre dict prince en tant qu'il a « reçu de Dieu gouvernement d'âme. »

Voici, au surplus, quelle est la composition, extrêmement rudimentaire, du livre.

Après des réflexions générales sur l'état misérable des hommes en quelque condition que les ait placés la Providence, il se lamente sur la mort des ducs de Bretagne, ses bienfaiteurs, du comte de Montfort, du connétable de Richemont ; puis, insistant sur ses propres infortunes, il donne à entendre que ses désordres ou son imprévoyance ont contribué à le mettre en cette triste situation ; ensuite il fait à Dieu une fervente prière. Dieu, pour reconnaître cet élan de piété, lui envoie la Raison,

qui lui prouve par maint exemple tiré de l'histoire
sacrée et profane, de la Fable, et même du *Roman
de la Rose,* qu'il n'a rien à envier aux puissants et
aux heureux de la terre, que cette vie n'est qu'un
temps de douloureuses épreuves. Il s'endort sur ces
funèbres impressions. Mais la prévoyante Raison
vient, sous forme de songe, lui montrer qu'elle
n'entend pas l'abandonner à son malheureux sort.
Elle lui apporte un petit livre, intitulé *Conscience,*
puis des *Lunettes* destinées à éclaircir le sens du
livre; sur l'un des verres est écrit *Prudence,* sur
l'autre *Justice;* l'ivoire qui les enchâsse se nomme
Force, et le fer qui les joint *Tempérance.* Meschinot s'éveille et cherche la Raison, qui a disparu;
mais il trouve le livret au chevet de son lit, et,
grâce aux lunettes, il y déchiffre de belles pensées
qu'il formule en poétiques et morales réflexions
sur les quatre vertus qui feront désormais la règle
de sa vie.

Ces naïfs artifices de composition, cette person-
nification des vertus, cette préférence pour l'allé-
gorie mystique, rattachent les *Lunettes des Princes*
aux plus anciens monuments de notre poésie.
Quoique placé au seuil du XVIe siècle, à l'aurore
de la Renaissance, Jean Meschinot appartient tout
entier au Moyen-Age; il est plus vieux d'allures
que Villon, qu'Eustache Deschamps, et, des poètes

du XVe siècle, Alain Chartier, le subtil auteur du *Quadriloge*, est le seul dont il pourrait se réclamer.

Son style a une couleur archaïque très prononcée, plus encore dans le ton général et les tournures de phrases que dans les termes. Une des curiosités de ce style poétique est l'extraordinaire richesse des rimes, qui ferait envie aux plus opulents de nos parnassiens. Dans son culte pour les doubles et triples consonnes d'appui, Meschinot va jusqu'à jouer sur les mots de la fin de ses vers :

> Mais pour les rebelles mener
> Aspre justice est le baston ;
> Au teict (toit) te les faut ramener
> En parlant haut, ou le bas ton :
> Autrement point ne les bat-on
> De rapine ne tyrannie.
> Dieu paradis aux tyrans nie...
> Justice la bien ordonnée
> Ne veult estre pour or donnée...
> Combien que vous nommez villains
> Ceulx qui vostre vie soustiennent,
> Le bon homme n'est pas vil, ains
> Ses faits en vertu se maintiennent ;
> Ceux qui à bonté la main tiennent
> Plus qu'aultres desservent louenge.
> On ne peut faire d'un loup ange.

Avant de quitter Meschinot poète, notons l'extrême liberté dont il use à l'égard des puissants de la terre. Il ne craint pas de dire que l'empereur est « fait de même matière » qu'un porcher ; le pape lui-même subit la loi commune.

> Les preux sont morts, Hector et Godeffroy,
> Et tant d'autres, Lancelot et Geofroy
> A la grant dent, qui ne sont rapassez ;
> Ceulx qui sont vifs, pape, empereur et roy,
> Viendront aussi à ce piteux desroy.

Il y aurait lieu à de piquants rapprochements entre ces passages et les *Alphabets de la mort*, les *Danses macabres* d'Holbein.

Si nous voulions, à propos des *Lunettes des Princes*, faire étalage d'érudition bibliographique, nous n'aurions qu'à piller le *Manuel du libraire*, de Brunet. Nous y trouvons, mentionnées et décrites, vingt-deux éditions, depuis la première, de Nantes, Estienne Larcher, 1493, jusqu'à la dernière connue, de Paris, Gilles Corrozet, 1539 ; cette nomenclature est accompagnée de curieuses observations et reproduit les marques typographiques de Jehan du Pré, Le Petit-Laurent, Robinet-Macé et Gilles Corrozet. Brunet aurait pu y joindre la marque parlante des deux nègres sur l'édition de Paris, Michel Lenoir, 1501. Son énumération est, d'ailleurs, encore incomplète : il a ignoré la vraie seconde édition, celle de Nantes, Larcher, 1494, dont le seul exemplaire connu existe à la Bibliothèque publique de Chambéry, et a été fort savamment étudié par M. A. Claudin (*L'Imprimerie en Bretagne au XVe siècle*, publication de la Société des Bibliophiles bretons); de plus, il a nié l'existence, attestée par de Bure et Is. Fournier, d'une édition de Paris, Mignart, 1495, que nous avons rencontrée, et sur laquelle nous avons publié un article dans le journal *le Livre* (juillet 1889).

Cette édition, rare entre toutes, ne nous a pas été inutile pour établir le texte de la nôtre. Mais nous avons surtout consulté et suivi la jolie édition en lettres rondes de Paris, Galiot du Pré, 1528, très lisible, comme tout ce qui est sorti de l'atelier de ce maître imprimeur.

Respectueux de l'orthographe de Meschinot, nous lui avons imposé une ponctuation et une accentuation logiques, qui font absolument défaut dans les éditions gothiques et sont encore bien rudimentaires dans celles en lettres rondes. Nous avons dû passer condamnation sur un certain nombre de vers faux, trop longs ou trop courts. Meschinot paraît brouillé avec la quantité prosodique. Il eût été souvent difficile, parfois téméraire, de chercher à la rétablir.

Quelques notes grammaticales et historiques, un petit glossaire, où nous avons surtout recueilli les expressions propres à notre auteur, complètent notre tâche critique. Un plus ample commentaire n'eût pas été en rapport avec la valeur de l'ouvrage que nous exhumons, trois cent cinquante ans après sa précédente édition, pour le docte « esbatement » des bibliophiles.

OLIVIER DE GOURCUFF.

NOTA

Au dernier moment, nous avons eu connaissance d'une intéressante étude sur *Jehan Meschinot, poète d'Anne de Bretagne,* par M. J. Trévédy, ancien président du Tribunal civil de Quimper (Vannes, Lafolye, 1890). Cette notice infirme, sur plusieurs points, celle que M. P. Levot a donnée dans la *Biographie bretonne.* M. Trévédy a minutieusement compulsé les registres de la Chancellerie des Ducs de Bretagne; il n'y a trouvé aucune mention de Jehan Meschinot, seigneur *du Mortier* ou *des Mortiers,* comme *maître d'hôtel* des ducs Jean V, François Ier, Pierre II, Arthur III et François II. Tout au plus suppose-t-il que la duchesse Anne, devenue reine de France, a pu donner ce titre à l'un de ses poètes favoris.

LES

LUNETTES DES PRINCES

APRÉS *beau temps vient la pluye et tempeste;*
Plains, pleurs, souspirs, viennent aprés grant feste,
Car le partir desplaisance tresgriefve;
Aprés esté profitable et honneste,
Yver hideux froidure nous apreste;
Si nous avons liesse, elle est bien briefve;
Aprés temps coy, le bien grant vent se lieve;
Guerres, debatz, viennent aprés la triefve;
Aprés santé vient mal en corps et teste;
Quant l'ung descent, tantost l'autre se lieve;
Pouvres sommes se Dieu ne nous relieve,
Car à tout mal nostre nature est preste.

Boire, menger et dormir nous convient.
Nos jours passent, jamais ung n'en revient;
Nostre doulx est tout confit en amer;
Contre ung plaisir ou ung seul bien qui vient
Le plus heureux cent foys triste devient.
Ce n'est pas sens le monde trop aimer,
Et qui son cueur y met fait à blasmer:
Perilleux est à la terre et à mer,
Mais à bien peu à present en souvient;
Il paist le corps, et, pour l'ame affamer,
Bien le devons pour ennemy clamer,
Car qui le sert à double mort parvient.

Du temps passé peu nous esjouissons
Et du present en dangier jouissons.
Las! au futur avons petit esgart.
Tant que povons à la mort fuissons,
Jeux et esbatz voulentiers ouyssons,
Mais à l'ame n'avons jamais regard,
Ne aux meschiefs venans, dont Dieu nous gard.
Au corps servir employons tout nostre art,
Trop cherement l'aymons et nourrissons.
Si nous souvient de Dieu, c'est sur le tart;
Point n'avisons nostre piteux depart,
Et comme aprés en terre pourrissons.

O miserable et tresdolente vie
Qui en nul temps ne peult estre assouvye
De biens mondains dont n'avons que l'usaige,
Car, quant aulcun de nous meurt ou desvie
(Prenons qu'il ayt louenge desservie
Et bien gardé richesses davantaige),
Il laisse tout quant ce vient au passaige,
Riens n'emporte : pource n'est-il pas saige
Qui en Dieu n'a sa pensée ravye;
Sans luy sommes de mort le vray ymaige,
Et l'ennemy de tout humain lignaige
Par chascun jour en enfer nous convie.

O gens aveugles, gens sours, mutz, insensibles,
Gens sans amours, à nous mesmes nuisibles,
Qui ne tendons fors à dampnation,
Gens orgueilleux plus que lyons terribles,
Ha! tant nos faictz damnables sont visibles
A ceux qui ont ymagination;
Douloureuse, meschante nation,
Qui sommes plains d'habomination
Et de toutes corruptions possibles,
Peu demourans en domination;
Et quant se vient l'exanimation,
La mort nous rend trespuans et orribles.

C'est assez mal pour yssir hors du sens,
Car j'apperçoy clerement, voy et sens
Tous les plus grans, les moyens et menus
Que chascun jour, voire à milliers et cens,
Mort tire à soy violentement, sans
En avoir eu oncques pitié de nulz,
Veu que mesmes au monde venons nudz
Et que trop peu y sommes retenuz,
Huy nous voyans presens, demain absens,
Et si n'en est gueres de devenuz
Jusques au temps d'estre vieilz et chanus!
A cestuy cas pas bien je ne m'assens.

Se ma langue d'en parler trop s'avance,
Pardonnez moy, pour Dieu, ma nonsçavance,
Car desplaisir me contraint de le faire,
Par tresgriefve et dure appercevance
De ceste mort qui pas d'huy ne commence
A nature suffoquer et deffaire.
Las! nous voyons que c'est tout son affaire
De destruire ce que jamais refaire
Ne peut nulluy, pour aucune sçavance
Qu'il ayt de Dieu, lequel peut tout parfaire:
Dont je ne puis le joyeulx contrefaire,
Considerant tant piteuse grevance.

Et s'il estoit à quelcun homme advis
Que follement je feisse telz devis,
Et que je n'aye de me plaindre bon droit,
Je luy supplie qu'il vienne vis à vis :
Il congnoistra que je fauldroye envis
De luy respondre à ce cas et endroit
A mon advis ainsi qu'appartiendroit,
Cause pourquoy ma raison soustiendroit
Que mil hommes autreffois ay veu vifz,
Saintz, gentz, joyeulz, jeunes, et qu'orendroit
Pour nulle rien ung d'eulx n'en reviendroit.
Las! celle mort trop fait piteux convis.

La guerre avons, mortalité, famine ;
Le froit, le chault, le jour, la nuit nous myne ;
Quoy que façons, toujours nostre temps court ;
Pulces, cyrons et tant d'aultre vermine
Nous guerroyent ; brief, misere domine
Nos meschans corps, dont le vivre est trescourt.
Ung grant mondain ou bien homme de court
Remply d'orgueil sur un beau cheval court,
Qui a jeunesse et d'or toute une myne ;
Diroit tantost que mort n'a sur luy court ;
Croy que si a, et que bien tost accourt,
Dont trompé est si son cas n'examine.

Davantaige fortune nous court sure,
Dont maintes fois le peuple en vain labeure,
Car ce qu'ilz ont à grant peine amassé
Par si long temps se pert en bien peu d'heure,
Et tant souvent que rien ne leur demeure,
Soit en avoir, en argent, ou en blé :
Ils perdent l'ung, l'autre leur est emblé ;
Aucunes fois à plusieurs a semblé
Que Dieu leur nuyst et point ne les sequeure ;
Les ungs de froit ont maintes fois tremblé,
Aultres par fain ont les mors ressemblé.
Voyant cecy, ay je tort se je pleure?

Les grans pillent leurs moyens et plus bas,
Les moyens font aux moindres maintz cabas,
Et les petits s'entre veulent destruire ;
Telz qui n'ont pas vaillans deux meschans bas
Voit-on souvent avoir mille debatz,
Aulcunes fois se navrer et occire.
Ainsi par l'ung l'autre souvent mal tire,
Et d'eulx mesmes se procurent martyre.
Il fut assez d'aultres plus beaulx esbatz.
O Dieu, qui es nostre vray pere et sire,
Nostre fait va huy mal et demain pire,
Quant de telles afflictions nous batz.

Tant d'autres cas nous procurent ennuys,
Et la moytié de nostre temps en nuitz
Est employé, dont je meurs, ou bien prés;
En y pensant, je me tourmente et nuys;
Pour en yssir ne trouve porte ne huys;
Ung seul plaisir m'est plus cher que cyprés;
Et quant je voy et considere aprés
Que celle mort nous poursuit de si prés,
Pensez l'ennuy et le mal où je suys;
Je vays plourant par chemins, boys et prés,
Et me convient dire par motz exprés :
J'ay beau plourer, aultre chose n'y puis.

Quant bien au fait d'Alexandre je pense,
Si grant seigneur et de telle despence,
Qui du monde fut gouverneur unicque,
C'est à bon droit se ma joye suspence;
Mon mestier est que je pense et despence,
Chargé de dueil comme homme fantastique.
O roy David, prophéte pacifique,
Sanson le fort, qui tant fus autenticque,
N'avez vous sceu faire à mort recompense?
O Salomon, saige dit en publicque,
Puisque la mort contre telz gens s'applicque,
Que vaudroit-il en demander dispense?

Et en noz jours ce prince de saigesse,
Le bon duc Jehan, nompareil en largesse,
Ne le print mort par son cruel oultraige?
Certes si fist, dont amere destresse
A longuement esté nostre maistresse;
L'avoir perdu nous fut haultain dommaige;
Fier fut aux fiers, aux bons doulx en couraige,
Prudent en faitz et begnin en langaige;
Autant valloit qu'ung scelle sa promesse;
Oncques ne fist ung deshonneste ouvraige;
Des benoistz cieulx lui doint Dieu l'heritaige,
Car à son temps pere estoit de noblesse.

Ainsi ung jour noz meschiefz advisoye,
Et à par moy en y pensant visoye
Que tous tirent à ce piteux trespas;
Ès cronicques anciennes lisoye
Par lesquelles maintz hommes devisoye,
Haultz et puissans, qui ont passé le pas,
Et nous mesmes trop plustost que le pas
Allons aprés, de ce ne doubtons pas.
Pourquoy mon cueur de douleur ravysoye
Et luy donnay ung tant piteux repas
Que je perdy de raison le compas,
Tant que ne sceu que je fis ou disoye.

En ce penser et oultre tout cecy,
Pour augmenter mon douloureux soucy,
Continuant le dolent desconfort
Qui durement m'avoit le cueur noircy,
Vint une voix qui me dist tout ainsi :
« Mort de nouveau a fait bien grand effort,
Le duc Françoys et conte de Montfort,
Et Richemont qui tant fut bel et fort,
Est decedé, Dieu le prent à mercy. »
Mais je croy bien que le sçavez au fort,
Pource vous pry d'avoir bon reconfort :
Aultres que vous y ont perdu aussi.

Des plus dolens dessoubz la lune l'un
De ce grant cas qui est à tous commun
Que celle mort nostre bon maistre a prins,
Ce jour je vy nobles clercs et commun
Tant fort pleurer qu'il sembla que chascun
N'eust oncquesmais aultre mestier aprins ;
Si fus de dueil tellement entreprins
Que mon ennuy ne peut estre comprins.
Las ! ce me fut ung trespiteux destin.
Mort, tu as mys grant chose à petit pris,
En jeunesse as nostre prince sourprins ;
Mais tes faitz sont de n'espargner aulcun.

O Mort, combien ta memoire est amere
A ceulx qui ont bonne fortune amere,
Vivans en paix et non pas justement;
O trescruelle, soubdaine et sans lumiere,
Tu n'as en mal seconde ne premiere,
On ne te peut descripre bonnement.
Plus a en toy de douleur et tourment
Que comprendre ne peut entendement,
Soit de Platon, de Virgille ou Omere.
D'ame et de corps tu fais separement,
Trop subit est ton faulx advenement.
Ces motz sont vrays, nonpas ditz de commere.

Las! or n'a il fors huyt ans dominé,
Aprés que Mort avoit exterminé
Ce bon duc Jehan dont j'ay fait mention,
Duquel fut filz tant bien moriginé,
Qui, tout son cas au long examiné,
Doit posseder d'honneur la mansion.
En armes mist corps et intencion,
A gens vaillans gaiges et pension
Donna si grans, par sens illuminé,
Que des Anglois la grant contention
Ravalla bas ainsi que ostention
Fait son procés, s'il est bien fulminé.

En son temps fut de Bretaigne le chef.
Mort, tu l'as prins et mis ses jours à chef,
Dont je mauldy toy et tes piteux faitz;
De toy viennent ennuys, douleurs, meschief,
Larmes, soupirs, tordre mains, tirer chef,
C'est tout le bien qu'onques tu fis et faitz,
Veu qu'aussi tost les loyaux et parfaitz
Que les mauvais prens, destruitz et deffaitz,
Et n'en peut ung revenir de rechief.
Si j'appelle tes ouvraiges infaitz,
Il me semble que point ne me forfaitz,
Car nostre temps maines à fin trop brief.

Tant a de maulx doncques où tu arrives,
Tant sont aussi tes manieres chetives,
Tant il est fol qui fort ne te redoubte,
Tant de grans gens de leur vie tu prives,
Tant on congnoist ton fait sans que l'escripves,
Tant en y a qui en toy ne voyent goutte,
Tant s'endorment qui là doyvent l'escoute,
Tant sont asseurs en grant dangier et doubte,
Tant ont de maulx tous ceulx que tu estrives,
Tant de meschiefz advenir par toy doubte,
Tant en mon cueur dure pensée boute,
Tant que n'ay plus nulles plaisances vives.

Car nous voyons que noblesse et avoir,
Jeunesse, force, ou riens qu'on puisse avoir,
Beaulté, amys, et tout ce qu'on peut dire,
Que preferer les aultres en sçavoir
Ou pour honneur du monde recepvoir,
Homme ne peut à la mort contredire.
Rien ne nous vault despiter ne mauldire,
Soyons joyeulx ou nous despitons d'yre,
Car il nous fault acquiter ce debvoir,
Il n'est celuy qui le puisse desdire;
Mais la cause qui le me fait redire,
C'est pour les cueurs d'y penser esmouvoir.

Se triste suis et mon cueur s'appareille
A grant douleur, j'ay perte nompareille
De ce bon duc qui tant de biens faisoit;
Mais tout ainsi que doulant cueur traveille,
Et que d'ennuy moult souvent se reveille,
Ung soir m'avint que plus ne me chaloit
De vie ou mort, mon sens se ravalloit,
Mes yeulx plouroyent, mon esprit se douloit.
Lors Dieu, qui tous desconfortez conseille,
M'informa bien que pas il ne vouloit
Me faire moins d'amitié qu'il souloit:
Si me trouvay appaisé à merveille.

Pour ce prince qui jeune deceda,
Comme j'ay dit, vint et luy succeda
Ung sien frere qui grandement valut
Pierre nommé, et tant bien proceda
Qu'à son peuple franchise conceda
Et le nourrir tresrichement voulut;
De ma pitié doulcement luy chalut,
A le servir me choisit et esleut,
Et de ses biens largement me ceda.
La mort depuis aussi le nous tollut :
Repos és cieulx ayt son ame et salut.
Son droit regne sept ans point n'exceda.

Aprés ces deux princes derrains nommez,
Qui en valeur furent tant renommez,
Ung ancien, leur oncle tresnotable,
Leur succeda quant mort les eut sommez
Et de son dart meurtris et assommez.
Artus eut nom, de France connestable,
Saige, vaillant, vertueux et estable,
Aux ennemys cruel et redoubtable.
Or ont esté ses jours brief consommez
En quinze moys, c'est cas espoventable.
Ha! qu'est cecy, fortune tresmutable,
Tant de maulx fais qu'estre ne peuvent sommez.

Qui pourroit veoir tant de mutations
Sans en faire grans lamentations?
Pas n'ay vertu pour porter telle charge;
Si rien valoyent argumentations,
Dont nous viennent telz supplantations,
Veu que le monde est tant grant et si large
Que n'a prins mort les gens de moindre marge
En les couvrant dessoubz sa noire sarge,
Non pas noz ducz, nos confortassions,
Qu'elle a passez en sa dolente barge;
Contre son trait ne vault escu ne targe.
En douleur sont ses delectations.

Par ceste mort je sens guerre mortelle;
Mort elle fut desoncques tresrebelle;
Belle n'est pas, gente, ne advenante,
Venante à coup, et voulentiers se celle,
Celle fait tant que tout hault bien chancelle,
Ancelle est donc dommageuse et meschante;
Chante qui veult, elle est toujours dolente,
Lante à tout bien et en mal excellente,
Cellente aussi d'avoir malle nouvelle;
Elle est de tous haultz meschiefz contenante,
Tenante en soy tristesse permanante,
Manante en pleurs et douleur eternelle.

Ha! mort, par toy si tresgrant douleur maine,
Et par regret qui ainsi me demaine,
Que je ne sçay quelle part me doy rendre.
Penser me tient, foiblesse me pourmaine,
Souvenir me ard, desplaisir me ramaine,
Peine et soucy me veulent le cueur fendre,
Couroux m'a fait par angoisse deffendre
Ne m'esjouir ne à liesse entendre;
Langueur me veult avoir en son domaine,
Fureur m'assault; qui me pourra deffendre?
Et desespoir vient chez moy logis prendre,
Qui trop de gens avecques luy amaine.

Ce m'est force que d'aise me deporte,
Car je la sens desja prés de la porte,
Et vient loger dedans ma fantaisie;
Je m'esmerveille comme sur piedz me porte
Et que la mort tout à coup ne m'emporte,
Qui longtemps a m'a prins en sa choisie;
Rien ne me plaist, esbat ne courtoysie;
Je veille en pleurs, je dors en frenaisie;
Il n'est chose que ma douleur supporte;
Pire est mon mal que n'est paralisie;
Ma jeunesse est de tout bien dessaisie,
Et me desplaist du bien qu'on me rapporte.

Quant desespoir et ses gens devant dis,
Qui me sembloïent des gens plus de dix,
Furent venus au plus prés de la place,
Effrayé fu en maintien, faitz et ditz,
Oncques homme ne fut tant estourdis,
Le cueur m'en fault et la vertu s'efface.
Ha! desespoir, malle mort te defface,
Je n'ay mestier que douleur contreface,
Assez m'en vient par ses hostes maulditz.
Lors me gettay contre terre la face,
Et dis ainsi : « Or ne sçay que je face,
Desconfit suis et plus n'y contreditz. »

Le fourrier vint, qui trouva tout ouvert;
Ne sçay s'il fut vestu de noir ou vert,
Car regarder ne l'oserent mes yeulx.
Tantost aprés tout l'ost fut descouvert,
Et se vindrent loger soubz le couvert;
Mais desespoir n'entra pas avec eulx.
A ma vie je ne vi gens autieux,
Fourragé ont tantost tous les hostieulx,
Et si n'en ay ung seul bien recouvert.
Je croy que Dieu ne mist onc soubz les cieulx
Tant ords pillars ne si mal gracieulx.
Celuy gaigne certes moult qui les pert.

Si dys adonc : Desespoir, maulvais hoste,
Esloigne toy et aussi tes gens oste,
Qui desja m'ont si grandement pillé
Que ma vertu est demourée froste ;
Rien n'ont laissé sus, ni jus, ne decoste,
Oncques ne fu en ce point habillé,
Mon sentement ont lié et billé,
Et puis aprés l'ont par les yeulx cillé,
Tant qu'il n'y voyt nulle chose à sa poste,
Et si ne sçay comme il soit dessillé ;
Ainsi m'ont ilz de tous biens exillé,
Et pour disner m'ont mis rage en composte.

De raison n'ay pas tant comme une mouche ;
Ma vertu est semblant la vieille souche
Qui a finy de son temps tout le terme.
J'ay sceu parler, or ay mute la bouche,
J'ay beau regard qui est devenu louche,
Foible me sens qui fu aultre foys ferme ;
Je fu joyeulx, or ay je à l'œil la lerme
Incessamment, qui ma douleur conferme ;
Mon honneur est converty en reprouche ;
Plus n'ay senté, je suis du tout enferme ;
Ainsi me va du temps, je vous afferme,
Dont plus ne quier fors que la mort me touche.

Se j'eusse esté hermite en ung hault roc,
Ou mandiant de quelque ordre à ung froc,
J'eusse eschevé grant tribulation.
Ung laboureur qui a cherrue et soc,
Fourche, ratteau, serpe, faulcille et broc,
En son œuvre prent consolation;
Mais moy, tant plain de desolation,
Meschant nasqui soubz constellation
D'infortune, qui ne vault tant soit poc,
Et ay vescu du vent de elation,
Remply d'orgueil et cavillation;
Suis mieulx pugny que ceulx qu'on met au croc.

Il ne me chault de Gaultier ne Guillaume,
Et aussi peu du roy et son royaulme;
Je donne autant des rez que des tondus,
Car, quant courroux me frappa au heaulme,
Tel coup senty de sa cruelle paulme
Que mieulx me fust avoir esté pendu.
Les jeux passés me sont bien cher vendus;
J'avoye aprins coucher en litz tendus,
Jouer aux detz, aux cartes, à la paulme;
Que me vault ce, mes cas bien entendus?
Tous mes esbatz sont pieça despendus,
Et me convient reposer soubs le chaulme.

J'ay en robes de martre et de bievre,
Oyseaulx et chiens à perdris et à lievre;
Mais de mon cas c'est piteuse besongne.
S'en celuy temps je fu jeune et enrievre,
Saluant dames, à Tours, à Meun sur Hievre,
Tout ce qu'en ay rapporté, c'est vergongne,
Vieillesse aussi, rides, toux, boutz et rongne,
Et memoire qu'il fault que mort me pongne,
Dont j'ay accés trop plus maulvais que fievre,
Car je congnois que tout plaisir m'eslongne,
Et à la fin que verité tesmongne :
Je me voy nud de sens comme une chievre.

Or m'est il donc tresgrandement meschu,
Qui me vy hault et me sens si bas chu
Que je n'ay plus aulcun qui bien me vueille;
Mes maistres mors, mon honneur est decheu,
Et tout malheur m'est en partaige escheu;
Il est bien temps que griefvement me dueille.
Est il meschief que mon cueur ne recueille?
Certes, nenny. Tremblant comme la fueille
Seray toujours tant que mort m'ait receu;
Si luy supply que en sa maison m'acueille,
Et que les fruitz de mes grans ennuys cueille,
Car vivre plus au monde ne m'est deu.

J'ay voyagé en Anjou et en Perche,
Comme celuy qui confort quiert et cherche,
Mais j'ay trouvé grant malheur en embusche,
Lequel m'a prins et signé de sa merche,
Et me donna ung si grant coup de perche
Que peu s'en fault qu'à terre ne tresbuche.
Estonné suis tant dur qui hault me huche ;
Je n'oy plus rien, mais sourd comme une buche
Suis devenu ; les ennuys où je perche
Me pourvoyent pas en une bien grant huche ;
Onc on ne vit plus de mouches en ruche,
Ne de frey au ventre d'une perche.

Je suis garny de sancté langoureuse,
J'ay lyesse peinible et douloureuse,
Et doulx repos plain de melencolie,
Je ne vi plus, fors en seurté paoureuse,
La clarté m'est obscure et tenebreuse,
Mon sentement est devenu folie.
Comblé de dueil, pour faire chiere lye
De tous esbatz je ne donne une alye,
Mais treuve paix grandement encombreuse ;
Plus j'ay de maulx et moins me humilie.
Advisez donc se ma vie est jolye,
Mais que la mort soit de moy amoureuse.

L'arbre sec suis portant d'ennuys verdure,
Vivant en mort, trouvant plaisance dure,
Noyant de soif en la mer assechée,
Tremblant je sue et si ars en froidure,
En dueil passé ay mal qui sans fin dure,
Et ma santé d'infection tachée,
En plains et pleurs ma lyesse atachée;
J'ay corps entier dont la chair est hachée,
Et ma beaulté toute paincte en laidure;
Au descouvert s'est ma joye cachée,
Et en mon ris est tristesse embuschée
Que doulcement en grant yre j'endure.

Des biens mondains n'ay vaillant une plaque,
Mais des douleurs plus de plaine une caque
Sens en mon cueur, de ce point ne me mocque;
Je voys aux champs sus ma petite hacque,
Là conviendra que la dague je sacque,
A celle fin que ma vie defroque,
Par la cause qui à ce me provocque;
Trop cruel est : helas! je me revocque
D'avoir ce dit; par monseigneur sainct Jacque,
Je m'en repens, la grace Dieu invocque
A deulx genoulx, ostant bonnet et tocque,
Luy suppliant qu'à mon adresse vacque.

« Ha! Dieu, par qui je vueil mourir et vivre,
Je te supply me faire brief delivre
De tant de maulx que j'ay à soustenir;
Je pers le sens tout ainsi comme le yvre,
Et ne congnois ne par cueur ne par livre
En quel façon je me doys maintenir;
Pourquoy te pry m'avoir en souvenir,
D'autre ne peut mon reconfort venir,
A toy me rens, à ta mercy me livre:
Tant de meschiefz je congnois m'avenir
Que je ne sçay que faire ou devenir,
Car de plaisir n'ay plus once ne livre.

« Tu es le maistre et je suis ta pouvre œuvre,
Regarde moy, tes yeulx de pitié euvre,
Puisque faire me daignerent tes mains;
Impossible est que ma pouvreté cueuvre,
Chascun la voit, je la monstre et descueuvre
Par tous les jours et desoirs, et demains.
Plaise toy donc, aucun de ces demains,
Bannir le dueil en quoy toute heure mains,
Car, se par toy santé je ne recueuvre,
Maudit me voy entre tous les humains,
Et va mon fait toujours de plus au moins,
Se ta grace prochainement n'y œuvre.

« *Souverain Dieu, createur eternel,*
Infini bien, gouverneur paternel,
Haulte bonté dont toute autre procede,
Vray filz nasquiz du ventre virginel,
Dont s'esbahist l'usage maternel,
Mais fors à toy si digne cas ne cede,
Merveille grant qui tout autre œuvre excede,
Or n'est il sens que cestuy ne precede,
Qui a vaincu l'adversaire infernel,
Tresdoulx Saulveur, ta grace me concede,
Tu n'as premier ne qui aprés succede :
Je te requiers repos sempiternel. »

Tantost que j'eu faicte mon oraison,
Il me fut mieulx et sans comparaison
Que paravant, dont tresbien il m'advint.
Dieu m'envoya visiter par Raison :
Bien grant mestier en estoit et saison,
Car trespiteux me trouva quant el vint ;
Des ennemys de mon sens plus de vingt
Me guerroyoient, mais, si tost qu'el sourvint,
Loin tous dispers vuyderent la maison,
Pourquoy mon cueur bien rappaisé devint
Et de graces luy rendre me souvint,
Comme à celle dont j'eu des biens foison.

Que bonnement racompter je vous sceusz,
Ne que langue suffisante à ce eusse,
Pour exprimer de raison la beaulté
N'entendement parquoy je la conceusse,
De m'en vanter sans ce que vous deceusz,
Il ne m'est pas possible en loyaulté.
Bien ressembloit estre de royaulté,
Et vey plusieurs luy faire feaulté.
Mais qu'onquesmais en ma vie apperceusse
Rien si luysant ne de tel nouveaulté,
Certes ne fis : et plus vault sa bonté,
Car sans elle trop de griefz maulz receusse.

Or entendez quelle fut sa venue.
Point n'arriva comme meschante nue,
Mais richement de vestemens aornée,
Et descendit en une belle nue,
Par un doulx temps, d'une pluye menue
Depuis ne vey la pareille journée,
Tant fresche fut et si bien sejournée,
Et plus que aultre richement atournée ;
Si luy priay d'estre en sa retenue,
Lors envers moy s'est doulcement tournée :
Comme celle qui est pour secours née,
Dame de sens, renommée et tenue.

De ses beaulx yeulx, qui sont plus que nature
Ne peut ouvrer en nulle creature
Doulx et rians, ung regard me transmist
Qui me donna au cueur une poincture,
Si tresplaisant et de tel nourriture
Que mon soucy presque tout se demist;
Puis à marcher droit envers moy se mist,
Comme son vueil l'endura et permist.
De ce me vint belle et bonne adventure,
Car tant à moy secourir se soubmist
Que loyaulment me jura et promist
Me faire brief de tous biens ouverture.

Pensez se j'eu le cueur bien esjouy
Quant ces beaulx motz de la dame j'ouy,
Car grant mestier avoye de secours.
Me fist il bien? Ce vous respon-je ouy,
De tel plaisir oncquesmais ne jouy,
Et ne se peut racompter en temps cours.
Doncques, Raison, en vous est mon recours,
Cause pourquoy venue estes le cours
Me secourir et m'avez resjouy;
A vous servir veulx employer mes jours,
Ou soit és champs, és villes ou és cours,
Puisque mon mal s'en est par vous fouy.

Je mercye Dieu qui tant de biens m'envoye,
Et vous aussi, car plus je ne sçavoye
Que je deusse faire ou dire à ma dame;
Mes povres yeulx de larmes je lavoye,
En tel douleur qu'il n'est nul qui le voye
Que grant pitié il n'ayt se point il m'ame;
Mon sentement gisoit dessoubz la lame,
Ma fantaisie estoit en haulte game,
Car tout l'ennuy du monde je l'avoye,
Presque destruit, voire de corps et d'ame,
Mais la veuë de vous à qui me clame
M'a presque mis de repos en la voye.

Lors elle entra en mon entendement,
Qui vuyde estoit et pillé grandement
Par desespoir et les gens de la suyte,
Et n'y trova que disner bonnement,
Sinon ung pain de foy tant seullement
Assez petit, mais de bien bonne cuyte;
Et touteffois elle est de tel conduicte,
En grant valeur et saigesse tant duicte,
Que bien ne fault, sens ne gouvernement;
En quelque lieu qu'elle maint ou habitte,
Paix entretient et met tout mal en fuyte,
Corps et ame repaist suffisamment.

Son pourvoyeur fut sens, lequel avoit
Vivres foyson, ainsi comme il devoit,
Et commanda que l'on dressast les tables;
Gouvernement qui bien servir sçavoit
Les officiers doulcement esmouvoit
Par parolles sages et prouffitables.
Raison s'assist, gardant termes estables,
Et avec el plusieurs dames notables;
Providence de trencher la servoit,
Discretion portoit metz acceptables,
Docilité en vaisseaulx delectables
Servit de vin és foys qu'elle buvoit.

A ce convy que Raison ordonna
Ne demandez se foison ordonna,
Car ces presens sont bien d'autre valeur
De reconfort; ses biens m'abandonna,
Dont largement et tresgrant foison a,
Et fist cesser mes ennuys et douleur,
Puis sagement et sans nulle chaleur,
Sans varier en maintien ne couleur,
Bien doulcement avec moy sermonna
En beaulx termes et langaige meilleur
Que les humains n'eurent oncques du leur,
N'un tout seul mot mal à point ne sonna.

Et si me dist : « Mon enfant, or entens :
Estre dolent bien souvent en son temps
C'est le propre de la fragilité ;
Fortune tient tes esprits en contendz,
D'elle ne peuz toujours estre contens,
Tous ses faitz sont variabilité ;
S'anuyt te tient en grant habilité,
Demain te rend en basse humilité
Ou pouvreté, à quoy jamais ne tens ;
Mais quant el t'a ainsi debilité,
Souvienne toy d'avoir virilité,
Qui trop mieulx vault que mil escus contens.

« Fortune fait ses presens incertains,
Tainctz de douleur, avironnez de plains,
Plains de regretz, de larmes et meschance,
Mais chance y ont joyeuse souvent maintz,
Ains congnoistre ses doulans faitz et vains ;
Vaincz la doncques par cautelle et sçavance ;
Avance toy, monstre ton excellence,
Lance te fault où n'ayt oultrecuydance,
Dance en la main de plus petis compaings,
Paings en ton cueur la vertu de constance,
Tance à toy seul contre folle plaisance ;
Aysance nuyst aux dissoluz mondains.

« *Fortune doys congnoistre de pieça,*
Car, s'aujourd'huy tu luy vois le pié ça,
Soubdainement autre part le remue;
Aulcunesfois les biens grans despieça
Et les deffais mist hault et rapieça.
Son mouvement en peu d'heures se mue,
Des saiges gens n'est pas ferme tenue,
Mais en tous cas est de fermeté nue,
De loyaulté trop petite piece a;
Tantost s'en va aussi tost est venue;
Son service est doubteuse revenue,
Et sa douceur d'amertume a pieça.

« *Veulx tu doncques sembler à beste bruite,*
Insensible, meschante et mal instruicte?
S'il te souvient quelque chose diverse,
Ta valeur est trop aysement destruicte
Et de sagesse en folie construicte,
Puis que tousjours si follement se verse
Qu'à desespoir en sa lignée perverse
Tu es submis, et tant qu'à la renverse
T'avoit getté, se n'eusse esté induite
De te venir ayder à la traverse.
A toy mesmes es tu partie adverse,
Car, se tu chez, ce n'est que de ta luite.

« *Hé! t'a pas Dieu donné assez puissance,*
Entendement et de moy congnoissance,
Qui de tout sens tient université?
De vertu suis source, mere, naissance,
Car sans raison tu n'as nulle aultre essance
Qui ne te mette en controversité.
Prens reconfort en ton adversité,
Mourir te fault et es à vers cité.
Peu durera du monde la plaisance,
Et, se tu tiens ceste perversité,
Bien pourras choir en tel adversité
Que des bestes porteras ressemblance.

« *Mais je te dy, et sçaches tout pour veoir,*
Que tu peux bien à tous ces cas pourvoir,
Quant tu vouldras de ma raison user,
Se toy mesmes ne te veulx decepvoir.
Je ne puis pas bonnement concepvoir
Que fortune te sçauroit abuser,
Car tu la peuz approcher ou ruser,
Estre son serf ou ses jeux reffuser,
Et chascun jour le doibz appercepvoir.
Contre les bons jamais ne veult muser.
L'impacient ne se peut excuser
Qu'il ne la face encontre luy mouvoir.

« *Aulcunes fois ung homme se tourmente*
D'avoir perdu cinq soubz et s'en guermente
Plus fort que tel qui pert des escuz cent,
Ou tout son bien. Or cil qui tant lamente
Et tel douleur en son cueur en ramente,
Assavoir mon se plus riche s'en sent?
Croy que nenny; tout bien luy est absent,
Plus s'en complaint et plus en mal descend
De corps et biens, ne croy que je t'en mente;
Mais le saige qui à Dieu se consent
Et le mercye en cueur et par assent,
Voit on aprés que sa richesse augmente.

« *Se tu veulx donc fuyr celle fortune,*
Qui toujours n'est au foible ne fort une,
Ne dy pas tiens les biens qu'elle te preste,
Car, supposé qu'à ton gré te fortune
Aultant ou mieulx qu'aultre dessoubz la lune,
Parquoy ton cueur à grant joye s'appreste,
Tu doibs penser que tantost elle est preste
De ravoir tout, quant son vueil s'y arreste,
Et ne luy peux nuyre pour ta rancune;
A son compte jamais rien ne luy reste.
Donc qui plus fait avec elle conqueste
Ne doit tenir pour sienne chose aulcune.

« D'elle euz les biens à telle condition,
Nonpas par don ne par vendition,
Mais seullement qu'elle les peust reprendre
Quant luy plaira, sans contradiction.
Donc ne dois pas nommer perdiction
Ce qu'el te prent qui est sien sans mesprendre.
Plaisir t'a fait, se le sceusses comprendre,
De les t'avoir tant laissés ; se reprendre
Les veut, de ce fay ta deduction
Que tort ne fait, ainsi le te fault prendre;
Aultre leçon ne peux meilleure aprendre
Pour eschever grant malediction.

« Semblablement, ceulx qui ont de nature
Prins et receu sens, vie, nourriture,
Sont obligés à mort rendre leur corps,
Et a Dieu mis ceste loy de droicture
Qui commune est à toute creature.
Comment veux tu donque t'en mettre hors,
Ne en avoir si douloureux remors?
Pour ton plourer ne reviendront les mors,
Et toy mesmes yras en pourriture;
Pren reconfort plus que tu n'as amors,
Ou folye de sa bride à haultmors
Pourra mener ton ame en adventure.

« *Tu plains la mort de tes princes passez*
Et trop tost ont esté des trespassez;
Mais que te vault en mener tel effroy?
Pense en ton cas, tu congnoistras assez
Qu'ilz demourront là où sont enchassez,
Puis que payé ont le dolent deffroy.
Les preux sont mors, Hector et Godeffroy,
Et tant d'autres, Lancelot et Geofroy
A la grant dent, qui ne sont rapassez;
Ceulx qui sont vifz, pape, empereur et roy,
Viendront aussi à ce piteux desroy.
Ne pleure plus, tes yeulx en sont lassez.

« *Quant tu lyras le Rommant de la Rose,*
Les faitz rommains, Jules, Virgile, Orose,
Et moult d'aultres anciennes hystoires,
Tu trouveras que mort en son enclose
A prins les grans et a leur bouche close,
Desquelz encor florissent les memoires,
Par leurs bienfaitz et œuvres meritoires
Qui de vertus ouvrent les inventoires.
En detestant toute meschante chose,
Peu priserent richesses transitoires.
Or ensuy donc des biens les monitoires,
Et de mourir comme loyal propose.

« *Rendz toy à Dieu, et ton couraige change,*
Rendz luy honneur, rendz luy gloire et louenge,
Recongnois le pour ton seigneur et maistre,
Car envers toy n'a pas esté estrange,
Mais t'a baillé ame qui, sans estre ange,
N'a pareille creature en son estre;
Point ne t'a faict sans entendement naistre,
Com les bestes qui vont par les champs paistre;
Ains toy venu d'ord lymon, boe et fange,
T'a faict digne d'avecques luy repaistre,
En paradis pour à jamais y estre.
Plains doncques peu de ce monde l'eschange.

« *D'aultres causes de l'aymer mille y a,*
Considerant comme il se humilia,
Quant il voulut se faire à toy semblable,
Puis avec toy se mist et se lia,
Et ton ame des enfers deslya,
Qui luy cousta ung pris inestimable.
N'est il donc bien licite et convenable
Que tu peines de luy estre agreable?
Pource te pri et requier, di luy : « Ha!
« *Mon Createur, qui tant es amiable,*
« *Pren à mercy ton servant miserable,*
« *Lequel peché de toy desalia.* »

« Tu as ton cueur si bas mis et posé,
Et entreprins, conclus et proposé
D'y trouver paix, santé, ayse et repos ;
Faulte de sens t'a ainsi disposé,
De ton plaisir souvent et deposé.
Propose bien : Dieu juge des propos.
Les mondains biens sont d'amer tous compostz.
Pren que tu ayes richesses à plains pos,
Tu les gardes en dangier, et, posé
Que tout viendroit au gré de tes suppos
Pour aulcun temps, saiches, pour tout expos,
Que brief seras à la mort imposé.

« Assez d'aultres passions naturelles,
Tant de l'esprit comme des corporelles,
Tiennent tes sens en tresgrant servitude,
Mesmes des faitz et choses temporelles.
Souventes fois as tu mal temps pour elles,
Et desplaisirs en tresgrant multitude,
Par peu penser en la béatitude
Des benoistz cieux ; ha ! quelle ingratitude !
Que n'uses tu de tes vertus morelles,
En desprisant le monde et son estude ?
Tu m'entens bien, ou as l'engin trop rude.
Pource metz y provisions réelles.

« *Puisque de mort aulcun̄ homme n'eschappe,*
Mais tout ravist soubz son mantel et chape,
Et qu'en ces faitz n'a reparation,
Empereurs, roys, ducz, contes, et le pape,
Tous maine à fin, n'est celuy qu'el ne hápe,
Pour t'exempter n'as point d'exception.
A Dieu servir fay preparation.
S'ainsi le fais, remuneration
Auras de luy; aultrement, s'il te frappe
De sa fureur, croy ma narration,
Puny seras sans moderation,
O les dampnez, soubz tresobscure trappe.

« *Et pour parler de ce dont tant te plains,*
Des grans ennuys et douleurs dont es plains,
Des povretés et miseres du monde,
Et qu'en pleurant souvent par boys et plaings,
Quand j'ay congneu et entendu tes plains,
Il est raison et droit que te responde.
Tu as esté tout ton temps tresimmonde,
Fier, arroguant, despiteux, dont je fonde
Que tous les maulx desquelz tu te complains
Sont moins que riens et que peu t'en abonde,
Quant au regard de l'offence profunde
Que chascun jour commets : tien t'en certains.

« Ha! se ton cueur tant de maulx pour yre a,
A ton trespas pense que pou rira,
Car à faire as une dolente yssue;
Ton ame és cieulx ou en grant paour yra,
Et ta charongne en terre pourrira;
Plus tost fauldra qu'elle ne fut tissue.
A ce depart le fort et lent y sue.
Lave toy bien et ton deffault essue,
Car qui bonté en soy ne nourrira
Trop plus fol est que s'il portoit massue.
Ceste chose doibt estre à chascun sceue,
Et que le juste en gloire florira.

« Considere le temps qui est passé,
Vise comment tu l'as bien compassé,
Presentement fay bien et t'y efforce;
Tost et plustost tu seras trespassé
Par ung trespas dont nul n'est rapassé;
Or ne te fie en ta beaulté ne force.
Mort met tous sus com chevaulx à la Force,
Sans aulcun bien en laisser aller fors ce
Que Dieu servant tu auras amassé.
Ne seuffre pas que l'ennemy te force,
Trouver pourras secours avec confort, se
Ton vouloir n'est de bien faire lassé.

« *Dieu tout puissant, par son divin gouverne,*
Tous ses haulz faitz tant saigement discerne
Qu'on ne peut riens adjouster ne hors mettre.
A son sainct nom tout genouil se prosterne.
Boy, je te pry, du vin de sa taverne,
Et bien sçauras ta folie desmettre.
Pense comment il s'est voulu soubz mettre
Et te soubmetz à luy, veu que promettre
Te veult le bien qui paradis concerne.
Ne vueille plus telz murmures commettre,
Mais luy supply tes deffaulx te remettre :
Lors verras cler sans moyen de lanterne.

« *Pren que tu as par cinq cens ans esté*
Seigneur entier en yver et esté,
Et que soubz toy tout le monde ayt vescu,
Tes ans passez n'ont gueres arresté ;
Ton present temps est à mort apresté,
Vieillesse t'a desconfit et vaincu.
De tes tresors la valeur d'ung escu
N'emporteras ne lance ne escu,
Et, se tu n'as paradis conquesté,
Mieulx te vaulsist certes n'avoir onc eu
Ame, los, biens, corps, piedz, teste ne cu,
Puis qu'aux mauvais enfer est apresté.

« A peine peulz haultes choses entendre,
Pourquoy tu as l'entendement trop tendre,
Mais je te veulx tenir à mon escolle;
Se tu le veulx à moy du tout attendre,
Je te feray à si bonne fin tendre
Que changeras ta folle chaulde cole;
Recours à moy comme à ton prothecole,
Car celle suis qui le sens aux gens cole,
Et nul sans moy ne peut à bien estandre;
Note mes ditz et souvent les recole;
Ne seuffre pas que folie t'acole,
Mieulx te seroit t'en fuyr que l'attendre.

« Or, mon enfant, que la main Dieu te saigne,
Retiens donc tout bien ce que je t'enseigne :
Pour nulle rien jamais ne m'abandonne,
De tes deffaulx purge ta veine et seigne;
Que l'ennemy du lyen ne te ceigne,
Qui trop de maulx aux dampnez faict et donne.
Vy sainctement et bien ta fin ordonne;
Requier souvent à Dieu qu'il te pardonne,
Et que le fais de tes pechez desseigne;
Et se ton cueur à mal faire s'adonne,
Confesse toy souvent et t'abandonne
A penitence, et en porte l'enseigne.

« *Pour parvenir doncques à grant science,*
Ung livre auras qui a nom conscience,
Où tu lyras choses vieilles et nettes.
Fuy les ordes et destruis, com si en ce
Ta mort estoit; pren tout en patience,
Et te repens de tes façons jeunettes.
Mais pour plus cler les veoir te fault lunettes,
Qui discernent les blanches des brunettes;
Là comprendras si vraye sapience
Que de ton hault viendras à tes unettes,
Et lors diras : « Dieu, qui tiers et ung estez,
« Je cry mercy à vostre prescience. »

« *Telles bezilles jamais n'as tu veu d'œil,*
Car qui les a ne pourroit avoir dueil.
Prudence est l'un qui est au costé destre,
L'autre Justice a nom dont ne me dueil.
Les deux tousdis avec moy tenir vueil
Qui encloses en force doyvent estre.
Temperance ne va pas à senestre,
Mais est le clou du meillieu qui congnoistre
Fait les lunettes estre tout d'ung acueil.
Or pense donc combien il est grant maistre
Qui peut avoir telz joyaulx en son estre,
Que je prometz de donner de bon vueil.

« *Bien est saison que ton corps se repose*
Et de te mettre à dormir une pause,
Car long temps a que tu ne reposas;
A bon repos doncques bien te dispose,
Et ton ennuy soubz ton oreiller pose,
De sept heures assez pour repos as;
Puis au reveil le bien que proposas
Avoir de moy, quant tu te disposas
De m'enfuyr, fauldra que je t'apose,
Et l'ouvraige qu'oncques ne composas
N'à le sçavoir tes espritz ne posas,
Mon sens fera que le tien le compose.

« *Lors tu verras les lunettes parfaictes,*
Et congnoistras ce de quoy ils sont faictes,
Sçavoir : force, prudence, avec justice,
Temperance, dont ils seront refaictes,
Car sans elles demouroient imparfaictes,
C'est le rivet et clou qui les justice.
Tu sçauras tout congnoistre, bien et vice,
Et ne seras plus com tu es novisse,
Car tes malices verras estre defaictes.
Va donc dormir et viens à mon service
Demain matin : c'est l'heure plus propice,
Que la memoire a mains choses infaictes. »

6

L'ACTEUR

CES beaulx motz ditz, j'eu de bien tel monnoye
    Que tout mon mal fut converty en joye,
Car j'ay congneu mon deffault et feblesse.
Si proposay que pour chose que j'oye,
Le temps venant, ne quoy qu'avenir doye,
Ne souffriray que desespoir me blesse;
Mais à raison, qui est de tel noblesse,
Me submettray, puis que de sa largesse
Et de son bien ainsi mon cueur esjoye,
Qui tant avoit de douleur et destresse
Qu'oncques ne fut la pareille tristesse,
Dont eschapper jamais vif ne cuidoye.

Parlez moy donc d'une dame pareille,
Qui de donner tel confort s'appareille;
Je ne croy pas qu'aulcun faire le saiche;
C'est son propre que tout ce qu'el conseille

Est si à point qu'il n'est plus grant merveille;
En son conseil n'a de vice une tache :
Le bien met hault, le mal estaint et cache,
Les cueurs des gens en grant honneur atache;
Cil qui la croit en peché ne sommeille;
Riens ne meurdrist de glaive, lance ou hache;
Elle hait le grant qui les petis attache.
Pensant ses biens, luy dis bas en l'oreille :

« Noble dame Raison, haulte princesse,
Prins cesse n'as de me donner adresse,
Dresse mon cueur vers Dieu et luy maintien.
Maintien mauvais ay eu en ma jeunesse,
Jeu n'est ce pas, car vieillesse m'opresse;
Oppresse grant à mon cas la main tien;
Tien estre vueil, mon grant besoing previen,
Vien promptement, mon secours et mon bien,
Bien me fera se tu me prens en lesse,
Lesse à penser que je suis terrien,
Rien est de moy sans toy; or me soustien,
Tien mon party et plus ne me delaisse. »

Cecy m'advint entre esté et autonne,
Ung peu avant que les vins on entonne,
Lors que tout fruict maturation prent;

L'ung jour faict chault, l'autre pleut, vente et tonne,
L'air fait tel bruyt que la teste en estonne.
A nous murir celuy temps nous aprent,
Car, qui des biens lors n'asserre, il mesprent,
Pource qu'aprés hyver froit nous sourprent.
Qui n'a du bled ou du vin en sa tonne,
Au long aller son deffault le reprent;
Aussi, en fin, qui bien cecy comprent,
Cil jeunera qui n'a fait chose bonne.

Pour au conseil de raison me submettre
Et contenter nature, me vins mettre
Incontinent vers ma petite couche.
Lors me cuyday de dormir entremettre,
Mais la dame ne le voulut permettre
En cil endroit, car de sa doulce bouche
Me dist : « Enfant, pas ainsi ne te couche,
Fay oraison à Dieu que ton cueur touche,
Et que de toy vueille tout mal desmettre. »
De ce la creu, et ne m'est pas reprouche.
Si priay Dieu que sa grace m'approuche,
Com vous orrés aprés en ceste lettre.

ORAISON DE L'ACTEUR

O GLORIEUSE Trinité, puissance insuperable, sapience incomprehensible, souveraine majesté et bonté immense, pere et filz et sainct esperit, ung seul Dieu eternel, qui à toutes choses qui sont avez donné estre et en leur essence les conservez et gardez, et par qui et de qui et en qui sont et procedent toutes intelligences spirituelles et corporelles, à qui les choses passées et advenir sont presentes et devant les yeulx de vostre tresexcellente haultesse n'a riens secret ne absent, à vous comme à pere par creation, patron par redemption et maistre par introductions, en vraye foy, esperance et charité, je me presente.

O amy des ames raisonables, seul digne estre

aymé de toutes voz créatures, combien est que
indigne et aultre chose plus que vous aymer est
amertume et hayne mortelle, quelles et quantes
louenges et grace et honneur vous pourray-je rendre pour condignement suffire à la recongnoissance
de vos benefices! Que dirai-je à ce qu'il vous
a pleu de vostre amoureuse grace me creer tant
dignement à vostre ymage et semblance en me
donnant sens, raison, memoyre, entendement et
voulenté, pour vous congnoistre, aymer, servir,
doubter et honnorer, qui povez, se tel eust esté
vostre plaisir, me faire beste bruste ou autre
moindre et insensible créature! Ha! tresdoux
Jesus, glorieulx Redempteur, qui tant humblement
avez voulu des benoistz cieulx descendre au precieulx ventre virginel, pour devenir nostre semblable en prenent vraye humanité, laquelle pour
moy et les autres povres pecheurs a tant souffert
de maulx, opprobres, peines, douleurs et ennuys,
que toute humaine raison deffault à les penser,
estimer, concevoir, exprimer et dire; et finable-
ment, par vostre tresangoisseuse, amere et douloureuse mort, m'avez vertueusement de dampnation
racheté. O souveraine bonté, ô inextinguible lumiere, ô richesse essentielle dont tout autre bien

vient, procede et descend, tant d'autres avantaigeux
dons m'avez faictz et faictes chascun jour et heure
que, en y pensant, mon cueur deffault à les nom-
brer, mon entendement est de insuffisance aveuglé
et de foiblesse offusqué, dont au reciter treuve ma
langue mute. Qu'estoit ce, est ou sera de moy
sans vous? Certes, riens ou moins qui pourroit
dire. Mon Dieu, à vous je me rens, coulpable de
tant de maulx que l'orreur d'y penser m'a souventes fois voulu oster le hardement de plus me
oser nommer vostre créature ; mais, confiant de voz
benignité, amour, clemence et doulceur, à present à tel honneur, reverence et humilité qu'il
m'est possible, tresdesplaisant que mieulx ne le
puis faire, vous cry mercy des ingratitudes, offence
et inobedience que puis le temps de ma naissance
ay commis contre le plaisir de vostre perdurable
seigneurie, faisant humble supplication à vostre
doulce, amyable, piteuse et debonnaire misericorde, qu'il luy plaise evocquer devant elle ma
damnable et criminelle cause pendante devant la
fureur, rigueur et yre de vostre tresredoubtée justice, et ne souffrir encontre ma pouvre ame, ouvraige de voz saintes mains, estre donnée la sentence deue et qui apartient à ma desserte, mais à

l'exaltacion, louenge et magnificence de vostre souveraine majesté me vueillez impartir une belle, ample et planiere remission, signée du sainct signe de vostre fructueuse croix, scellée du sceau des armes de vostre tresprecieuse, louable et glorieuse passion. *Amen*.

LE SONGE

En celuy mesme endroit, mon oraison finée, sans aucune dissimulation ou autre occupation prendre, moy estant en ma pouvre et chetive habitation, pour satisfaire à mon naturel appetit oppressé et indigent de repos pour les envieuses peines et doulantes pensées en quoy tout celuy jour avoye esté, me mis sur mon lict, las et travaillé, pensant tous mes affaires regetter pour à reposer entendre; mais ma fantaisie, qui encores ne peut mettre en oubly les choses dessus dictes, vint au devant et s'opposa à mon entreprinse, dont je senti tous mes esperitz si alienez, si me trouvay le corps tres mat, le cueur tressaillant, tremblant et tout alteré; et ainsi entresommeillant et esveillé fus en nompareille malaise. Aprés, par une maniere d'illusion, resverie ou songe, me fut certainement advis que celle belle et tresnoble dame Raison (dont j'ay cy devant touché) se rendit à moy entre les courtines, environnée de tant resplandissant clarté que mes yeulx ne pouvoient suffire à icelle regarder, et tant notablement acompagnée que possible est le racompter. Lors me sembla que entre ses belles mains tenoit unes lunettes, telles sans nulle differance que celles dont le jour precedant elle m'avoit fait le devis et promesse. Lesquelles furent tant nouvellement et si doulcement composées que, toutesfois que bon luy sembloit, elle les mettoit et divisoit en quatre parties, dont le nom d'une des verrines estoit Prudence, escript en lettre d'or, et l'autre, nommée Justice, en escripture vermeille. L'os ou yvoire en quoy elles estoient se nommoit Force, et le clou qui les entretenoit et joignoit ensemble Temperence, jouxte et pour conformer à l'introduction que elle par avanture avoit donné de cest ouvraige. Oultre plus sus son bras dextre avoit ung tant beau petit livret à veoir par dehors que ce me fut grant merveille. A peine ne pourroys dire ne penser combien j'eu à celle heure grant et ardent desir

entremeslé de crainte, disant à par moy et promec-
tant à mon insatiable appetit que celles belles
choses me seroyent par celle belle dame données.
Toutesfois, considerant l'imperfection, ignorance
et petite valeur de moy, estoye souvent esmeu à
penser le contraire. O tant celle nuyt m'eust en-
nuyé, se n'eussent esté les grans plaisirs et aise
que mes esperitz prindrent à celle beaulté voir et
considerer! Tantost aprés celle belle dame vint jusques à la ruelle de ma couche et au plus prés de
moy qu'elle peult, et de sa doulce et basse voix
amiablement me dist : « Mon enfant, esvueilles tes
esperitz et euvre l'escrin et cofre de ta memoire
pour loger ce beau don et ce present que liberal-
lement et de bon vueil te donne, ainsi que autres-
fois le t'ay promis. Garde chierement ces lunettes,
car par elles tu congnoistras les choses necessaires
à ta salutation spirituelle, profitables à ta conduicte
corporelle et temporelle, et à toy saigement porter et gouverner avecques les plus grans, les
moyens et moindres de toy. Soyes souvenant et
n'oblie que tu les doibz applicquer et mettre aux
yeulx de l'entendement pour lyre et estudier au
livre de la conscience. Sçaches aussi que je leur ay
donné à nom les Lunettes des Princes, nonpas

pource que tu soys prince ne grant seigneur temporel, car trop plus que bien loing es tu de tel
estat, valeur ou dignité; mais leur ay principale-
ment ce nom imposé pour ce que tout homme
peut estre prince, entant qu'il a receu de Dieu
gouvernement d'ame. Et ceste principauté prefere
toutes aultres, d'autant que le bien spirituel de
l'ame, qui jamais n'aura fin, il vault mieulx que
celuy qui en brief temps passe et perist, combien que en toutes aultres personnes celles lunettes
sont profitables au pape, empereurs, roys, ducz et
aultres grans seigneurs qui soubz Dieu ont admi-
nistration de grant peuple et pays. Or te suffise
de ce que je te dy, et à ton resveil regarde et lys
en ce petit livret, que pareillement je te donne,
auquel tu trouveras en brief aulcunes diffinitions
des matieres dont les dictes lunettes sont faictes
et composées : et premierement de prudence quel
verre c'est et quelles choses on voit parmy, aprés
de la verriere de justice, aprés force, attrempance,
chascune en son office. » Adonc soudainement
m'esveille, comme celuy qui grandement desira à
voir materiellement et de regard corporel ce que
en mon songe et fantaisie m'estoit apparu; si re-
garday environ moy et ne trouvay ne vi aulcune

chose estre demourée, fors tant seullement le petit
livret que Raison me laissa soubz le chevet de mon
lict, à la dextre partie, lequel je prins, ouvry et
leu, contenant formellement et en effect ce que
aprés ceste hystoire ensuyt.

HOMME *miserable et labille,*
  Qui vas contrefaisant l'abille,
Menant estat desordonné,
Croy qu'enfer est dés ordonné
A qui ne vivra sainctement,
Ou l'Escripture saincte ment.
Pour fouyr donc à ce meschief,
Auquel il n'aura jamais chief,
Pren de prudence la conduicte;
Tresbien te guidera com duicte
De rendre les humains parfaitz;
En tous cas, par ditz et par faitz,
Elle est de tes lunettes l'une;
Tel berille n'a soubz la lune.
Puisque si fin et cler voirre as,
Retien ce que parmy verras.
Premier, gouste mieulx que les vins,
Et congnois le lieu dont tu vins,

Et comme en peché fus conceu.
Certes te croy assez qu'onc sceu,
Mé, las! d'y penser ne te chault.
L'yver vient aprés l'esté chault,
Le vin plain se rend à la lye,
Tantost est jeunesse saillie.
Se tu t'informes bien du cas,
Je te donne mille ducas,
Quant bien auras ton fait congneu,
Remembrant à ton cueur com nu
Nature sur terre t'a mis,
Et que fors Dieu nul n'est amis,
S'oncques rien si petit prisas
Comme l'estat que tu prins as.

Aprés, vises comme tu vis
Presentement, et se tu vis
Riens de toy doncques plus meschant.
Pense y, tu n'auras jamais chant
Qui au cueur lyesse te face;
De larmes laveras ta face.
N'es tu pas vaisseau plain d'ordure,
Orgueilleux quant foison d'or dure?
De tous tes conduitz horreur sort,
Pour t'en garder n'y congnois fort;

Se tu chantes, dy toujours las!
Le plus chestif des corps tu l'as.
Tu n'es que dissolution,
Vraye t'en dy solution.
A toy nourrir quel peine y a,
Devant que saiches dire ya!
Les bestes sont de toy plus dignes
Quant au corps, car ce que tu disnes
En ton bers tu le prens, hé, dieux!
Sans raison de bouche ne d'ieux.
Dés ce qu'un poussin est issu
De la coque où il est tyssu,
Tout incontinent il chemine,
Le grant pain ou la miche mine,
Affin qu'il en ayt de la mye;
Mais ta nature ne l'a mye.
Ung aigneau congnoist à la voix
Sa mere, dont par cela vois
Que pas n'est ainsi des humains,
Car de nature ilz ont eu mains
D'avantages, ce sembleroit
Qui tous ces cas assembleroit,
Combien que toute beste mue
Qui est sensible et se remue;
Mesmes arbres, herbes et plantes,

Que tu edifies et plantes,
Sont de Dieu aux hommes données
Pour servir, et abandonnées.
Mais tout n'est riens quant au regard
De noz espritz, se Dieu les gard;
Par ceulx icy viveront sains;
Aprés oront lieu o les saincts,
Si nous gouvernent par raison,
En faisant à Dieu oraison
Que ne soyons constituez
O Judas, com cestuy tuez
Qui de grace desespera,
Pource qu'en Dieu point n'espera.

Je t'ay doncques dit et le preuve,
Mesmes le peuz veoir à l'espreuve,
Que le faict est moins que nyent
De ton corps. Ne le va nyant.
Subject es à froit, chault et fain,
Defaillant ainsi comme sein.
Ce nous racompte le psalmiste,
Qui fut de Dieu le vaissel miste.

Or venons aprés à la fin,
Et voy par ce voirre la fin,

Si ton cueur dolent pas sera,
Quant de mort le pas passera,
Qui est plus qu'aultre riens horrible.
T'esbas-tu bien present? Or rible,
Car adoncques ne t'en tiendra,
Lors qu'envers toy ses lacz tendra.
Quant en ce monde tu nasquis,
Chose tant certaine n'acquis
Que la mort, qui à coup viendra;
A l'endurer te conviendra.
Quant morte sera ta charongne
Puante, quier qui ta chair ongne
D'aucune odorante liqueur;
Homme ne vouldra, car ly cueur
Ne pourroit durer à sentir
Tel odeur, ne s'y assentir.
Aprés au jugement yras;
Crois tu qu'au juge mentiras
Qui scet tout? Ne t'y attens point,
Sa rigueur en celuy temps point;
Plus n'y aura misericorde;
D'avantaige misere y corde
Dur cordaige pour les dampnez
De la lignée d'Adam nez.
Se bien n'as à ton cas pourveu,

Tien le seurement tout pour veu :
Là seras honteux et confus,
Saches pour vray, le plus qu'onc fus
Triste, pensif et esperdu.
Pourvoys y, ou tu es perdu.
Gouverne tes biens temporeux,   —
Car tu auras mal temps pour eulx,
Pape, empereur, roy, duc ou conte,
Se tu n'en scez rendre bon compte.
Aussi te souvienne tous dis
Que des faitz, vouloirs et tous dis
Te fauldra compter à ce jour.
Pource n'ayme tant le sejour
Du brief temps que dure ce monde,
Que ne faces ton ame monde.
Se dampné es, que Dieu ne vueille,
Sans repos tu feras la veille
A jamais avec l'ennemy,
Et n'y chanteras la ne my ;
Le chant d'enfer est ullerie,   ⌒
N'entens pas que qui ulle rie,
Qui est sans cesser en arsure.
Fay l'ame donc par ton art seure.
Se tu tes plaisances pourchasses
Au deduict d'oyseaulx ou pour chasses,

Il y á du temps pour esbattre
Et d'aultre pour plourer et batre.
Eschive les gens deshonnestes,
Et t'acompaigne des honnestes.
Ne supporte ja mesdisans;
Devant que soit jamais dix ans,
Force sera qu'il leur meschée,
Leur honneur ne croisse, mais chée.
Et de ceulx qui parlent mensonges,
Dont aucunesfois tout ment, songes
Qu'aprés tu parles et racontes
En plusieurs lieux où aura contes,
Roys, ducz et grans gens de façon.
Je te pry que nous deffaçon
Telles deshonnestes coustumes,
Et de noz sens qu'à grans coustumes
Usons, par si loyaulx accords
Que chascune ame joincte à corps
Puisse avoir remors tellement
Qu'ilz ne pechent mortellement.
Tais toy, ou dy parolles bonnes,
Sans passer de raison les bornes.
Tu ne bailleras de l'an gaige
Qui moins vaille que fol langaige.
Voy ce que dit en a Chaton,

Que plusieurs maulx en achate on.
Et est la chose toute aperte
Que par trop parler maint a perte.
Parle donc peu, saches pourquoy,
Ou mieulx te vauldroit tenir coy.
Aprens ces beaulx motz et les tiens,
Pour gouverner toy et les tiens :
Je te pry, d'orgueil ne t'acointe
(Pourtant, se l'on te tient, acointe
Jeune sçavant de bonnes meurs) :
Car, lors qu'en toy le metz, tu meurs,
Il n'est dommaige qu'il ne face,
Ne vertus que du tout n'efface.
Orgueil est prince de noz vices,
Ou soyons profés ou novices ;
Tout mal de luy vient et despend ;
Et pource, mal son temps despend
Qui tel peché nourrist et ame,
Car il destruist et corps et ame.
De luy procedent juremens ;
Bien souvent que tu jures, mens
En blasphemant Dieu et ses sainciz,
Dont es d'entendement mal sains ;
Quant à tel vice t'abandonnes,
Ton ame au dyable à ban donnes,

Regnyant Dieu aucunesfois;
Doubte contraire aulcun ne fois
Que n'ailles à damnation,
Se tu es d'Adam nation,
Pour le chemin des cieulx eslire.
Par escript povons veoir et lyre
Quelle pugnition desservent
Qui de telz cas au monde servent.
Se le prince avoit faict edict
Par lequel fust conclud et dict
Que homme de jurer tant hardy
Est sur peine de la hart, dy,
Ne t'en sçauroys tu bien garder,
Pour ta vie et santé garder?
Et vrayement je croy bien qu'ouy;
Contre ce ne seroys ouy,
Car chascun craint pugnicion,
Et Dieu n'a rien pugny si on
Ne l'a grandement desservy.
Qui de sa grace est desservy
Se rend tantost à malle fin;
Et cecy je te dy affin
Que tu vueilles ades penser,
Pour tes jours en bien dispenser.

Des blasphemeurs ne sçay plus dire,
Fors que souvent sont remplys d'yre;
L'un dit : Ce n'est qu'acoustumance;
Mais son orgueil l'acoustume en ce;
L'autre ne peut vivre autrement,
Ce dit il. L'un et l'autre ment,
Car nul bien ne vient pour jurer,
Sinon souvent se parjurer.

Blasphemes, luxure et hazart,
A quoy t'applicques et as art,
Te réndront à la fin si vil
Qu'il n'est droit canon ne civil
Qui te sceust adjouster pardon,
Se Dieu ne le te fait par don.

Juremens sont donc de tel sorte
Qu'il fault que grant malheur en sorte
En ame, corps, biens ou amys;
Et cil qui son cueur y a mis,
Force est que penitence en face,
Ou jamais ne veoir Dieu en face.

Or disons encore en ce point:
S'un homme qui, ne jurant point,
Avoit chascun jour entre mains
Cent escus de don pour le mains,
Qu'aulcun grant seigneur luy donnast,

Affin qu'il ne s'abandonnast
A ce peché desordonné,
Et qu'il eut ades or donné
Pour luy faire ung si beau deffroy,
Devroit-il plus faire d'effroy
De jurer et avoir l'art gent,
De paour de perdre tel argent
Et du seigneur la bonne grace?
Las! il seroit bien ingrat se
Ne se vouloit du tout soubmettre
A luy, et ses vertus sus mettre,
Pour luy faire honneur et service,
Car ce seroit donc au serf vice
Qui ne serviroit bien son maistre,
Le temps qu'il pourroit sans somme estre
Ou occupé pour autre affaire
Honneste et necessaire à faire.
Se tu avois bien aprins ce,
Que, de paour d'offenser le prince,
Ou pour gaigner si bonne somme
Que cent escuz tous les jours, somme,
Tu devrois ne jurer jamais,
T'en garder ne vouldras ja; mais
Enfer est ce que tu attens :
Pourvoye y tant que tu as temps.

Laissons orgueil et sa sequelle,
Car peine en viendra Dieu scet quelle ;
Mais, tost auras tu milité
L'ennemy, par humilité
Ceste leçon donc apprendras ;
C'est le bon chemin qu'à prendre as.

Secondement, escheve envie,
Car, tant que la tiendras en vie
Et vouldras user de ces sertes,
Ton estat en vauldra moins certes.
Envye trompe l'envieux
Tant que les jeunes voit l'an vieulx
Devenir, quant el les a tainctz,
Devant qu'ilz ayent grans ans attains.
Soye joyeulx du bien à aultruy ;
S'à l'ung fiz bien hier, à l'autre huy
Fay : charité t'enseignera,
Et la main Dieu t'en seignera.

D'avarice garde toy bien,
Ou jamais n'auras eureux bien ;
Se tu veulx avoir nom d'honneur,
Estre te fault large donneur,
Congnoistre à qui, quant, quoy, combien,

Où et comment, voire combien
Qu'a ung prince de grant avoir.
Mieulx seroit pour bon los avoir
Donné trop argent, vin et chars,
Qu'aquerir le nom d'estre eschars,
Car son premier bruyt luy demeure,
Et fault que d'honneur vuyde meure
Se de largesse pert le nom.
Point ne mens se j'en parle, non.
Alexandre bien le nous monstre,
Qui en ce cas fut ung droit monstre,
Car par avant adonc ne puys
Ne fut pareil, dire le puis.
Largesse le fist renommer,
Et par toute terre nommer,
Plusque ne firent ses effors
Ne ses gens, qui sont grans et fors;
Plusieurs luy firent obeissance
Qui ne l'eussent obey sans ce.
Vous autres, qui vivez present,
De voz biens beau don et present
Faictes à ceulx qui le desservent.
Seigneurs trop peu au monde servent
Qui leurs richesses ne departent,
Car, quant vient le jour qu'ils departent,

Par mort qui sur eulx frappe et maille,
Ilz n'emportent denier ne maille.

Or soit le seigneur trespassé
Et de mort ayt les traitz passé,
Qui avoit ordonné prou messes,
De quoy on luy fist les proumesses,
Ses hoirs n'y mettront ung tournois.
Ha! povre homme, si retournoys
De rechef, bien mieulx ordonnasses,
Car de tes biens et or donnasses
Pour colloquer ton ame és cieux.
Je nomme bien meschants tous ceulx
Qui à leurs heritiers s'attendent
Et qui delà et deçà tendent
En querant bien qui si peu dure
Et dont leur viendra peine dure,
Se tort ou rapine commettent,
Ou que soubz eulx servans commettent
Tyrans, robeurs et desloyaulx.
Seigneurs, servez vous des loyaulx.

Largesse dont je vous parlay
Est faicte par clerc et par lay,
Se le don passe la desserte,

Mais elle n'a point là de serte.
— Quant le seigneur de bien me herite,
Selon mon service et merite,
Si bien je l'ay ades servy,
Et ce que j'ay jà desservy
Il me rend à prime ou complie,
C'est loyaulté bien acomplie,
Nompas largesse la courtoise
Dont vient, procede et acourt aise ;
A cil qui à donner s'avance
Et au prenant s'il a sçavance
Le don qui plus excedera
La desserte mieulx cedera.
En largesse, com veu l'avez,
Les eschars sont bien mal lavez,
D'honneur vuydes, et si tres-ors
Qu'ilz n'ayment riens, fors leurs tresors.
   Je ne dy pas, vous n'avez garde,
Qu'ung prince face mal s'il garde
Tresors pour ses necessitez,
Car ses chasteaulx ne ses citez
Ne pourroit en paix maintenir
Sans quelque argent en main tenir ;
Mais pourtant ne doit-il avoir
Si fort le cueur à son avoir

Qu'il n'en donne plus que petit,
Car donner de bon appetit
A plusieurs et de franc couraige
Vaulx mieulx que faire à ung coup raige
De donner à ung ou à deux,
Et veoir autre porter grant deulx
Par povreté en sa maison.
Tu ne trouveras jamais hom
Qui dye que raison l'assente,
Ne que ce soit d'honneur la sente.
A chacun, selon son mestier,
Donne autant comme il a mestier
En te servant et davantaige,
Tant qu'il ne meure devant aage
En mendicité ; or, me crois,
Mieulx te vauldroit ne garder croix
Que retenir labeur ne peine
De cil qui te servir se peine.
Ouy as donc ce que m'en semble,
Pour bien d'honneur et d'ame ensemble,
Bon fait congnoistre le monde, ains
Que trop l'aymer, ne les mondains.
Si tu es clerc, noble ou marchant,
Et vas mainte terre marchant
Pour tousjours acquerir richesse,

Dy moy, quel profit ou richesse
Gaigner en acier ou en fer,
Se ton ame chet en enfer?
Garde que bien tu te maintiennes,
Et qu'à loyaulté la main tiennes.
Ceulx sont riches de mille mars,
Qui jà n'irront parmy les mars,
Dés janvier ou fevrier mourront,
Lors d'eulx et leurs biens l'amour rompt;
C'est piteuse division,
N'en as-tu pas, dy, vision?
Leur corps en terre sera mis,
Les biens demeurent aux amys,
Souventes fois aux estrangiers.
Aulcuns ont pour leur estre Angiers,
Paris, Orleans ou Rouen,
Qui fineront encore Ouen.
Se l'avaricieux meurt, lor
Aux heritiers demeurent l'or
Et l'argent qu'il a moult celé
Et à grans tas amoncelé;
Porter ne l'eust sceu sans ployer,
Mais à bien ne se veult employer;
Luy mesmes fain en enduroit
Et soif, tant comme ung an duroit;

Tout temps loyaulté corrompoit,
Et à travail son corps rompoit;
Usure commist en maints lieux,
Chevaucha plus dix mille lieux
En querant ce qui luy deffault,
Dont present congnoist le deffault.
S'il a eu sa chevanche chiere,
On en fait aprés bonne chiere,
Aussi tost qu'il est soubz la lame.
Ainsi pert-il le corps et l'ame
Pour les biens qui trop peu la vallent,
Et en enfer tout droit l'avallent.
Mal fut celle richesse acquise
Parquoy telle douleur a quise;
Sagement qui temps a despense.

Fol est celuy qui ades pense
Comment il aura grant monnoye:
Il ne scet emplus quel mot noye,
Se trop il y met de sentence,
Car sa vertu et son sens tance
Pour dampnation acquerir;
Bien eust aultre chose à querir,
Quant son piteux cas entendroit;
Chascun doncques qui entend droit
En sa conscience se mire.

De ce mal est largesse mire.

　Aussi vray qu'en flambe paille ard,
Celuy est meschant et paillard
Qui au feu d'ire jamais choit,
Dont à luy plusqu'à nul meschoit ;
Le sens en perd souventesfois
Comme sçavoir souvente fois.
L'yreulx ne veult que noyse et plet,
L'yreulx n'est d'aucun bon explet,
L'yreulx est pensif et songeux,
Et ne scet jamais que sont jeux ;
L'yreux tence, l'yreux menasse,
Impacience le maine à ce.
Contre ire soys donc pacient,
Aultrement n'es tu pas scient.
Se à toy parler je osoye,
Qui boys vin d'Anjou et osoye,
Puis ypocras lieppe et taincte,
Parquoy ta vertu est extaincte ;
Quant l'ivroing ces bons vins a beuz,
Il commet aprés grans abus,
Car trop à ce mestier se maine
Par tous les jours de la sepmaine.
Cuides tu venir à valeur
Pour estre de vin avaleur ?

Boyre par excés main et tart
Ton ame en enfer maine et te ard
Le foye, cueur et les boyaulx.
Pource, je te prie, boy eaulx
Ou bruvaiges qui mal ne facent
Et les vertus de toy n'effacent.
Trop de mal vient de gourmandie,
Quelque chose que gourmant die,
Car yvresse luxure engendre,
Soit en pere, en filz ou en gendre,
Par ce peché la vie accourse,
Et si en vient la mort à course.
O yvroing, qui ton corps nourris,
Tant ayse dont aprés nous ris,
Quant le vin au front t'a feru,
De plusieurs a Lucifer eu
Par telz deffaulx et ame et corps.
Ceulx sont bien que meschans et ors
Qui n'ont de sobrieté cure,
Car santé garde et le mal cure.

　　Va jouer avecques ta bille
Ou aultre esbat et ne t'abille
De luxure, que Dieu het tant,
Et l'ennemy s'en va haictant,
Quant aulcun il en a tenté;

Ceulx ont vers la foy attenté
Qui sont souillez de tel delict;
A la fin n'auront point de lict
Aultre que ceulx du bas empire :
C'est enfer; qui pourroit en pire
Jamais choisir sa mension?
Et, pour plus ample mention
Jouxte la matiere subjecte,
Je te dy et au parsus gette
Que mains sont à mal parvenus
Par gloutonnie et par Venus.
Chascun n'ensuit pas Charlemaigne
Qui va là où sa chair le maine;
Les bestes brutes font cela,
Car Dieu tout puissant leur cela
La grant amour dequoy il t'ame :
Il a treschers ton corps et t'ame.
N'ensuy les muletz ne chevaulx,
Qui tresor si tresriche vaulx.
Cil qui de luxure a la tache
D'enfer sera mis à l'atache.
Tu peuz vaincre tes ennemys,
Se tu ne t'es com asne mis
A plus amer bren et chardon
Que Dieu qui fist de sa chair don.

Pense qu'à toy tel amour eut
Qu'en croix fut mis et là mourut,
Rendant ton ame nette et saine
Plus que n'eust lavé l'eaue de Seine,
Non aussi celle de la mer :
Qui te garde donc de l'amer ?
Tu vois que nature element
Ayme tresnaturellement,
Par l'ordre que Dieu lassus mist,
Et à ce faire la submist.
Ayme donc cil qui te forma,
Et puis de toy prins la forme a ;
Ton ame avecques luy marie,
Et te recommande à Marie,
Sa mere et vierge, tant amée,
Dont la bonté n'est entamée ;
Depuis que Dieu de sa cordelle
Amiable l'ame et corps d'elle
Lya, ce fut ung bon lasseur,
Car onc entre frere et la sœur
Ne fut amour tant apparant.
Et puis Dieu te tient à parant,
Voulant que cieulx soit ton manoir,
S'à toy ne tient pour y manoir.
Tant luy est plaisant chasteté

Que celuy qui a chaste esté,
Honneste et non incontinent,
Il lui envoye incontinent
Sa grace comme il la demande,
Et luy acomplist sa demande,
Ou mieulx que requerir ne sceust
Pour quelque bruyt qu'en sagesse eust.

  Ceulx qui de paresse se parent
D'honneur et vertu se separent.
Paresseux n'a plaisir ny aise ;
La creature est bien niaise
Qui veult servir dame tant sale,
Soit aux champs, en chambre ou en sale.
Paresse est des vices la mere,
Et nourrist tristesse l'amere
Et faict aux humains grant dommage ;
Pource ne luy faicts point d'hommage,
De service ne de ligence,
Mais te garnis de diligence.

Avant que du tout je me taise,
Je te pry, ne chemine t'aise
Que n'ays en memoire prudence ;
Bon conseil auras et prude en ce.
Chascun soir vise à ton affaire

Qu'auras fait ou laissé à faire,
Le jour passé, jusqu'à la nuyt,
Disant : Cecy vault, cela nuyt;
Laisse le mal, le bien prenant,
Comme bon loyal aprenant.

Justice, verriere tresclere,
Par où les princes doivent lyre,
Qui aux bons et mauvais esclere
Quel chemin ilz doivent eslire,
Fait assavoir à tous que l'yre
De Dieu viendra, sachez le voir,
Sur ceulx qui ne feront devoir.

Par elle on list au parchemin
De loyaulté paix et concorde,
Soit és villes et par chemin;
Jamais à nul mal ne s'acorde.
Humanité est de sa corde,
Et la raison tousjours la guide.
Cil va bien qui a bonne guide.

Bien eureux est, dire je l'ose,
Qui devant ses yeulx la tiendra;
Conscience est ses textes et gloses;
Jamais l'autruy ne retiendra,

A chascun ce qu'appartiendra
Rendra toujours, sans grant demande.
A meffait n'appartient qu'amande.

Tous ceulx qui en ont abusé
En principal ou accessaire,
Paradis leur est reffusé
S'ilz n'ont remede necessaire,
Car l'ennemy, nostre adversaire,
Ne mect pas telz cas en oubly.
Par vertus homme est ennobly.

Seigneur, qui as souverain regne,
Gouverne tes subjectz en paix,
Fay que justice sur eulx regne,
D'amour et equité les paistz,
Aussi de pitié les repaistz,
Quant ils auront vers toy sailly.
Le fort doit support au failly.

Dieu par doulceur pasteur se nomme
Et congnoist ses brebis, se dict.
Arreste donc cy ton sens, homme,
Et retien en ton cueur ce dit :

Orgueil t'est du tout interdit,
Pource d'humilité te remembre.
Chascun quiert de Dieu estre membre.

Le pape aussi se dit servant
Des serviteurs nostre Seigneur,
Qui de la foy est observant,
Et de tout prince le greigneur ;
Il t'est par ce point enseigneur
Que servant tu te doys tenir,
Pour justice et paix maintenir.

Croy tu que Dieu t'ayt mis à prince
Pour plaisir faire à ta personne ?
Las ! je ne sçay se as aprins ce,
Mais le vray bien autre part sonne,
Et ton nom à l'effect consonne.
Le roy gouverne et le duc maine,
Servans à créature humaine.

Les gouverneurs et les meneurs
Des brebiettes en pasture,
Autant les grans que les mineurs,
Se par deffault ou forfaicture

Aulcune choit en adventure,
Ilz la rendent, ou sont pugnis.
Bergiers sont tous aux champs uniz,

Combien que ceulx qui plus en nombre
Conduisent des bestes aux champs
Ont moins beau se tenir en umbre
Et s'esjouyr en nouveaux chants
Que plusieurs qu'on nomme meschans
Qui tel charge n'ont pas ne veulent.
Telz sont joyeulx qui puis se deulent.

Quant bergiers prennent des ouailes
Pour garder à leur appetis,
Se les loups, chiens, regnars ou aigles
Les emportent, ou leurs petis,
Ceulx qui les leur baillent peuvent ilz
En demander vers eulx? respons.
Ouy dea, je le te respons.

Donc, s'aulcun garde ma brebis
Puis la tonze, escorche ou la tue,
J'ay sens plus froit que mabre bis,
Si par moy sa peau n'est batue.

Ceste chose bien debatue,
Vous qu'estes de Dieu les pastours,
De faultes ne faictes pas tours.

O prince, je te supply, traicte
Tes subjectz en grant amytié,
Soit à l'entrer ou à la traicte ;
Le pasteur doit plus la moytié
Avoir de ses brebis pitié
Q'ung mercenaire ou estrangier.
En ce monde a tousjours dangier.

Justement se fault maintenir
Qui veult par ce monde passer,
A loyaulté la main tenir
Sans nullement la trespasser.
Par mort convient brief trespasser
Grans et petis, le foible et fort.
Contre la mort ne vault effort.

Seigneur, tu es de Dieu bergier,
Garde ses bestes loyaulment,
Metz les en champs ou en vergier,
Mais ne les pers aucunement.

Pour ta peine auras bon payement
En bien les gardant, et, se non,
De malheure receus ce nom.

Mais pour les rebelles mener
Aspre justice est le baston;
Au teict les te fault ramener
En parlant hault, ou le bas ton;
Autrement point ne les bat on
De rapine ne tyrannie.
Dieu paradis aux tyrans nye.

Ce peuple donc qu'en main tenez,
Ne le mettez à pouvreté,
Mais en grant paix le maintenez,
Car il a souvent pouvre esté,
Pillé et hyver et esté,
Et en nul temps ne se repose.
Trop est batu qui pleurer n'ose.

Croyez que Dieu vous pugnira
Quant vos subjectz oppresserez;
L'amour de leurs cueurs plus n'yra
Vers vous, mais haine amasserez.

S'ilz sont povres, vous le serez,
Car vous vivez de leurs pourchaz.
Mal fait changer coursier pour chaz.

Ainsi que le coursier vous porte
A voz affaires hault et bas,
Aussi le peuple vous apporte
Dequoy vous mener voz esbatz.
On leur faict assez de cabas
Qui leur sont fort griefz à porter.
Bon faict de mal se deporter.

Par desplaisir, fain et froidure,
Les povres gens meurent souvent,
Et sont, tant que chault et froit dure,
Aux champs nudz soubz pluye et soubz vent;
Puis ont en leur povre convent
Necessité qui les bat, tant
Qu'en seigneurs se vont esbatant.

O inhumains et dommageux,
Qui nom portez de seigneurie,
Vous prenez les pleurs d'homme à jeux;
Mais pas n'est temps que seigneur rie,

Quant on voit que charité prie,
Qui est des vertus la maistresse.
Povres gens ont trop de destresse.

Du propre labeur de leurs mains,
Qui deust tourner à leur usage,
Ilz en ont petit, voire mains
Qu'il n'est mestier pour leur mesnage.
Vous l'avez, malgré leur visage,
Souvent sans cause : Dieu le voit.
Qui se dampne est villain revoit.

Combien que vous nommez villains
Ceulx qui vostre vie soustiennent,
Le bon homme n'est pas vil, ains
Ses faitz en vertu se maintiennent.
Ceulx qui à bonté la main tiennent
Plus qu'aultres desservent louenge.
On ne peut faire d'ung loup ange.

Je vous nomme loups ravisseurs
Ou lyons, se tout devorez.
Sont vertus à vostre advis seurs
Des faitz en quoy vous labourez?

Nenny, tresmal assavourez
L'estat dont Dieu vous a faict estre.
C'est grant bien que son cas congnoistre.

Se tu vas à Sainct Innocent,
Où y a d'ossemens grans tas,
Ja ne congnoistras entre cent
Les os des gens de grans estas
D'avec ceulx qu'au monde notas
En leur vivant povres et nudz.
Les corps vont dont ils sont venus.

Hommes ont doncques tous ensemble
Povre entrée et dolente yssue,
Combien qu'aulcuns sont à qui semble
Que la terre est pour eulx tissue,
Et que le bon homme qui sue
Au labeur n'est riens envers eulx.
Aveugle est tel qui a vers yeulx.

Or visons l'entrée et la fin
De l'empereur et d'ung porchier.
L'ung n'est pas composé d'or fin,
L'autre de ce qu'a le porc chier.

Tous deux sont, pour au vray toucher,
D'une mesme matiere faictz.
On congnoist les bons aux biens faitz.

Se j'ay maison pour ma demeure,
Bon lict, cheval, vivre, vesture,
Le roy n'a vaillant une mure
Enplus que moy selon nature.
On luy faict honneur, c'est droicture;
Mais il meurt sans emporter rien.
Peu vault le tresor terrien.

Ung cheval suffist à la fois
Au roy, une robe, ung hostel;
S'il menge et s'il boyt, je le fais
Aussi bien que luy, j'ay los tel.
La mort me prent, il est mortel.
Je vais devant, il vient aprés.
Nous sommes egaulx à peu prés.

A cent ans d'icy je m'attens
Estre aussi riche que le roy.
J'attendray, ce n'est pas long temps :
Lors serons de pareil arroy.

Se je seuffre quelque desroy,
Entre deulx il fault endurer.
Malheur ne peut tousjours durer.

Quant au corps, gueres d'avantage
Ne voy d'ung prince aux plus petis.
Des aulcuns s'en vont devant aage
A la mort, povres et chetifz;
Aultres suyvent leurs apetis
Pour aucun temps, et puis se meurent.
Nos œuvres sans plus nous demeurent.

Au milieu gist la difference,
Car és deux boutz n'y en a point.
Le gran du petit differe en ce,
Car Dieu l'a voulu en ce point
Ordonner, pour tenir en point
Justice, paix, equité, droit.
Bien souvent tout ne va pas droit.

S'ung prince a conseil qui l'abuse,
Et ne scet ou veult y pourveoir,
C'est ung poulcin prins à la buse
Qu'on ne peut secourir, pourveoir.

L'entendement est faict pour veoir
Et discerner vertus de vice.
Profés ne doit sembler novisse.

Conseiller qu'on nomme preudhome
Se trop à soy enrichir tend,
Tost est corrompu, car prou done,
Et peu au bien publicque entend.
Mais sçavez vous qu'il en attend
En fin honte et dampnation?
On doyt aymer sa nation.

Le prince est gouverneur et chief
Des membres de corps pollitique;
Ce seroit bien dolent meschief
S'il devenoit paraliticque,
Ou voulsist tenir voye oblicque
A l'estat pourquoy il est faict.
Tout se pert, fors que le bien faict.

Seigneurs, pas n'estes d'autre aloy
Que le povre peuple commun.
Faictes vous subjectz à la loy,
Car certes vous mourrez comme ung

Des plus petis, ne bien aulcun
Pour vray ne vous en gardera.
Chascun son ame à garder a.

Mais quant ung prince fait devoir
D'ouvrer en sa vacquation,
Selon sa puissance et sçavoir,
Laissant toute vacquation
Et mauvaise appliccation,
On ne le peult trop honnorer.
Le prince est fait pour labourer

Nompas du labour corporel,
Ainsi que les gens de villaige,
Mais gouvernant son temporel
Loyaulment, sans aulcun pillaige.
Avoir ne doibt le cueur vollaige,
Soit attrempé, nect, chaste et sobre.
La fin des pecheurs est opprobre.

Se pape, empereur, roys et ducz
Aymoient bonté en tous endroitz,
Telz ont esté et sont perdus
Par non tenir les chemins drois

Qui congnoistroient vertus et drois
En prenant à eulx exemplaire.
Plus doit que folie sens plaire.

Comme pour porter vin et feu
Plus propre est ung pot que dix menches,
Ung prince aussi qui ayme Dieu,
Honnorant festes et dimenches,
Fuyant tous vices et leurs branches,
Porte tel fruyt que c'est merveille.
Saige est celuy qui en mer veille.

J'appelle ce monde la mer
Pour les grans dangers et perilz
En quoy sont ceulx qui trop l'amer
Veulent de tous leur esperitz,
Dont en la fin seront periz,
S'auport de salut ne s'attendent.
Jamais les sotz à bien n'entendent.

Les subjectz doivent reverence
Et service pour absolu
A leur prince, et perceverence.
Supposé qu'il soit dissolu,

Dieu l'a ordonné et voulu
Par commandement tresexprés.
Tous bons sont à bien faire prestz.

Peuple, sçavez vous pourquoy est ce
Que vous avez seigneurs divers?
Je vous en donneray adresse
En moins langaige que dix vers.
Rebelles estes et pervers,
Pécheurs, vers Dieu plains de barat;
Et pourtant à mau chat mau rat.

O homme, combien qu'appert soys
Et en ta chair quiers tout ton beau,
Je m'esbahis que n'apperçoys
Que brief seras mis au tombeau,
Et aussi tost comme tombe eaue
Deffauldra ta plaisance vile.
Pechez rendent l'ame servile.

Et pource, princes et prelatz,
Qui de justice avez la charge,
De vous en parler suis prés las,
Toutesfois vers vous m'en descharge.

Devant Dieu, au long et au large,
Compterez de mise et recepte.
Bon auditeur abus n'acepte.

Congnoissez la perfection
Que Dieu en voz ames a mis,
Et des corps l'imperfection.
Soyez à vous mesmes amis,
Car paradis vous est promis
Se bien le sçavez demander.
Bon fait ses deffaulx amander.

Pensez pourquoy Dieu vous a faitz,
Et vers luy ne soyez ingratz,
Mettez raison en tous voz faitz;
Combien que soyez gros et gras,
Saichez que moust vault mieux que esgras;
Bonté est plus que mal propice.
Truye ne scet que vault espice.

Quant vostre cas bien entendrez,
Peu priserez mondanité,
Mais voz cueurs vers les cieulx tendrez.
Le monde n'est que vanité.

Ne faictes inhumanité.
Par voz œuvres serez jugez.
Les seigneurs deviendront soubjectz.

Presidens qui tant alleguez
De droitz, de coustumes et loys,
Des princes estes deleguez
Pour paix mettre entre clercs et lais.
Vrayement, juge, se tu vouloys,
Bien le feroys, tant as l'art gent;
Mais tu n'en aymes que l'argent.

Justice la bien ordonnée,
De Dieu en la terre transmise,
Ne veult estre pour or donnée,
Ne à ceulx qui plus feront mise;
Mais au bon droit elle est submise.
Compas a plomb et reigle esquiere
Pour radresser chascun qui erre.

Juges, vous en avez la garde,
N'en laissez endurer besoing
Aux povres, car Dieu tout regarde
Qui contre vous sera tesmoing,

Se vous y faillez prés ne loing,
Pour crainte, faveur, haine ou don.
Selon l'ouvrier vient bon guerdon.

Ces quatre choses devant dictes
Troublent justice en maint endroit.
Pource sont ilz de Dieu mauldictes,
Et aussi prohibées en droit.
Donc celuy qui les maintiendroit
Trop de maulx en son ame assemble.
Dieu pugnist tout quand bon luy semble.

Crainte de vers les grans mesprendre,
Ou paour de perdre ton office,
Ne doibz, bon juge, jamais prendre
Parquoy tu faces injustice.
Celuy qui par tout met police
Les bons en vertu fortifie.
En faisant bien donc fort t'y fie.

Pilate, par crainte d'offendre
Cesar, fist Dieu crucifier,
Lequel avoit voulu deffendre
Par avant et pacifier;

Mais, par deffault de se fier
En loyaulté, il se perdit,
Com l'evangeliste expert dit.

Faveur aussi ne dois porter
A nully, tant soit il ton proche,
Fors par autant que supporter
Le peuz, sans y avoir reproche,
Et qu'autruy dommaige n'approche.
C'est grant mal faire le contraire.
Le bon ne doit à mal s'atraire.

En haine contre homme ne juge,
Soit cas criminel ou civil.
Enten bien que je te dy, juge;
Aultrement tu seras si vil
Que l'ennemy, dés ans cent mil,
Voire sans fin, t'en fera honte.
Jamais le vice à hault ne monte.

Pour promesse ou don qu'on te baille,
Je te pry, ne tourne à l'escart,
Car tu te dampneroys sans faille,
Et seroys que meschant quoquart.

Tu ne vivras jamais le quart
De ce que tu as pourpensé.
Le temps est tantost despensé.

Juge, qui es sans equité,
Cuides tu avoir paradis,
Estre absoubz, remis et quité,
Se tu trompes gens par addis?
De procés mal prepara dis
Qui griefve aultruy; pource, enten ce :
De fol juge briefve sentence.

Quant tu auras à condamner
Aulcun homme de crime attaint,
Garde toy bien de te dampner
Et d'estre d'omicide tainct,
Car, si haine pitié estainct,
Tu seras de sa mort en coulpe.
C'est mal cueilly qui l'arbre couppe.

Et pource, ne porte rancune
Contre aulcun qui devant toy viengne;
Aultre raison ne t'en rendz que une,
Et à jamais bien t'en souviengne :

C'est que, pour chose qui aviengne,
Ne doit nul juger sans pitié.
Cruel cueur n'a point d'amitié.

Ta conscience te dira :
Quant tu le peuz bien faire, doibs ;
Se ton cueur peu ne grant d'yre a
Vers le crime et le perdoys,
Tu peuz assez laver tes dois,
Car pource ja n'en seras quitte.
A priser est qui bien s'aquitte.

Justice est trop persecutée
Se misericorde y deffault,
Mais elle est bien executée
Quant on ne het que le deffault.
Las ! c'est grant pitié lors qu'il fault
Voir son semblable mal finer.
Tous ne peuvent de sens finer.

C'est droit que les maulx on punisse
Et n'y doibt-on point differer,
Mais que juge corrumpu ne ysse
A la sentence proferer.

Car equité doibt preferer
Rigueur, en tout juge parfaict.
Bonté se veult monstrer par faict.

Toutesfois, quant rigueur appert,
Escript et equité non mye,
Soit en privé ou en apert,
Justice, nostre bonne amye,
Veult que par mort ou infamye
Tout cas criminel soit puny.
Noble oyseau het corrumpu ny.

Excuse tousjours l'innocent,
Se tu veulx faire à Dieu plaisir.
Des mauvais peuz condamner cent,
Sans conscience ou desplaisir.
Souviengne-toy bien à loysir
Du jugement de la grant court.
Le temps des hommes est bien court.

Pour continuer mon langaige,
Je dy, par ung ardant accés,
A chascun juge qu'il engaige
Son ame, quant il fait excés

De jugemens, ou par procés
Querant avoir praticque ou los.
Fol est qui pert la chair pour l'os.

De vous lieux-tenans de grans barres,
Et messeigneurs les allouez,
Je me tais, car voz faitz sont garres
Dés ce qu'aulcun vous a louez
Par grans dons, mais tresmal louez
Des povres qui n'ont d'argent source.
Il n'est plus amys qu'en la bource.

Ne cuidez jamais, advocatz,
Que Dieu vous daigne pardonner,
Se bien n'avisez à voz cas,
Qu'on ne vous gaigne par donner.
Pour à telz faitz vous adonner
Vostre ame, honneur et temps se pert.
Mal se muce à qui le cul pert.

Quant les povres gens vous requierent,
Vous ressemblez estre endormys,
Mais les riches ont ce qu'ilz quierent
S'en voz mains ont foyson d'or mys.

Ung jour serez bien desdormis;
On verra voz baratz et guilles.
Il n'est pas toujours cours d'anguilles.

Nous tenons une femme à folle
Qui son corps et son honneur vent
Pour argent; mais cecy m'afole,
Car vous faictes pire souvent.
Vos langues tournent comme vent
Au plus donnant, c'est grant diffame.
Il perd assez qui perd son ame.

D'autant que devez valoir mieulx
Que ces folles femmes et viles;
Faillez-vous plus, je dy tous ceulx
Qui mainent causes incivilles,
Que celles qui vont par les villes
Ou aux champs faire leur folie?
Peché en enfer le fol lye.

Vous faictes mal, aussi font-elles;
Leurs pechez les vostres n'excusent.
Qu'en adviendra? Peines mortelles.
Les vices leurs maistres accusent.

Se les larrons aultres excusent,
Neantmoins ilz ont leur desserte.
A meschans gens chetive serte.

O aveuglez, vous vous riez
Quant aulcun homme avez trompé;
Mais, une fois, vous vouldriez
N'avoir mengé que pain trempé
En belle eaue, et qu'atrempé
Eussez vos langues aultrement.
Qui faict mal s'oblige à tourment.

Je suis bien content que l'on sache
Que chascun qui contre droict tourne
Pour argent, celuy qui l'ensache,
Est dampné s'il ne se retourne,
Et le donnant son sens destourne;
Tous deux vont à perdition.
Selon la souche le syon.

Si tu as tesmoing presenté
De heritage, meuble ou injures,
De verité soys prés enté,
Puis que par serment divin jures;

Dampné es se tu te parjures
En endommageant ton prochain.
Poisson se pert qui approuche hain.

Les tanches, bresmes et gardons
Avallent l'hain pour ung vermet.
D'ainsi faire bien nous gardons,
Car l'homme qui celuy ver met
Au poisson la mort en promet.
Ne prens donc rien qui ta foy blesse.
Tel quiert force où n'a que foiblesse.

Se par ta deposition
Aulcun a deshonneur ou perte,
N'y quiers point de position
Contraire à la raison apperte;
Soit personne simple ou experte,
Tenu luy es de recompense.
Tout n'avient pas ainsi qu'on pense.

Par hayne, don, creinte ou faveur,
Ne varie en ton tesmoignage;
Privé seras de la faveur
Des cieulx en faisant tel ouvrage.

N'enrichis toy ne ton lignage
Par ce moyen, ou tu te pers.
On peult juger des faitz apers.

Greffier, note ce loyaument
Qu'auras ouy patrociner,
Et n'y varie aulcunement,
Car tu ne doys pas trop signer,
Ne peu aussi, mais assigner
En tous tes escriptz verité.
Dieu donne aux bons prosperité.

Le mauvais n'aura de salaire
Sinon enfer aprés sa mort.
Ou soit delà, ou deçà l'ayre,
Fol est qui à bien ne s'amort;
L'ennemy ceulx perça à mort
Qu'il a prins en ses mains et las.
Triste cueur dit souvent hélas!

Toy, clerc, qui les procés escriptz,
Ne ransonne trop povres gens,
Pren pitié de leurs pleurs et cris,
Car les plusieurs sont indigens.

Et mesmes, entre vous, sergens,
N'oppressez le peuple de Dieu.
A mal faire n'a point de jeu.

Mes parolles cy fineront
De justice, quant à present,
Mais trestous à la fin yront
Au siege où Dieu sera present.
La paour, faveur, crainte ou present,
Rien n'y vauldra faire defaulx.
Chascun congnoistra ses deffaulx.

En force est prudence mise
　　Et assise.
Justice y est bien comprise
　　Et submise,
Dont les lunettes se font
Qui sont de belle devise.
　　Or les vise.
Ne fault pas laisser pour mise
　　Qu'on n'avise
A mettre l'œuvre au parfond.
Temperance y est requise,
　　Qui tost quise
Sera, et à ce commise,

Car acquise
Est pour clou, dont joinctes sont.
Qui vouldra par elles lise
Et eslise
La lettre grosse ou exquise.
Je devise
Choses qui bien les parfont.

Force donc le faix soustient
Porte et tient,
Tout ainsi qu'il appartient,
Et maintient
En estat ce bel ouvraige
Qui tresgrant valeur contient.
Bien advient
A celuy qui l'entretient,
Ou retient,
En le gardant comme saige.
Mais homme à qui n'en souvient,
Mal luy vient,
Nul plaisir ne luy revient,
Ains convient
User ses jours en servaige,
Dont son cueur triste devient ;
Lors parvient

A douleur qui luy sourvient ;
Si advient
Souvent qu'il en chiet en rage.

Car grant fortune diverse,
Qui tout verse,
Est à homme controverse
Et perverse,
S'il n'a de force support.
Tantost chiet à la renverse,
Lors converse
O dueil, sa partie adverse,
Qui le herce
De desespoir jusqu'au port.
Mieulx luy vaulsist estre en perse,
Tant le perse
Au long et à la traverse,
Puis le berse
En tresdeloyal deport.
Là sourvient la couleur perse ;
Bien appert ce
Qu'en esperance submerse
Il traverse
Le passaige de la mort.

Qui o force communicque
Com unicque
Sera seur et pacifique,
Ainsi que
Seroit en forte maison.
Force est tousjours magnificque,
Autenticque,
La loy tient evangelicque,
Angelicque,
Ne la nyroit jamais on.
Force quiert le bien publicque,
Et s'applicque
A vertus, et rien n'explicque,
Fantastique,
Mais tout fonde en raison,
Ceste precieuse relicque
Qui replicque
Contre vices et duplicque
La praticque
De vertus toute saison.

La créature s'abuse
Qui la ruse
Des condicions refuse
Et n'en use

Pour cacher autre entreprise;
Inconstance l'excuse,
      Puis l'accuse
Fole paour, et tant l'amuse
      Que confuse
La rend tant qu'on la desprise;
Mais quant force tient incluse,
      Non intruse,
Premunie de grace infuse,
      C'est l'escluse
Qui a tel grace comprise;
Riens ne fait où n'ayt excuse
      Qui excluse
Villaine et la fait recluse
      Par sa ruse,
Dont ses faitz sont sans reprise.

Force point ne se deffie,
      Mais se fie
Aux gens, je vous certiffie
      Et affie.
Des petis faitz ne luy chault.
Qui d'elle se fortifie
      Fructifie;
Peché, qui tout mortiffie,

Purifie
Tous temps, face froit ou chault;
L'honneur, qui Dieu magnifie,
Glorifie;
Les cas obscurs glorifie,
Mundifie;
Qui la croit à biens ne fault.
Debas qu'on luy notifie
Pacifie;
Vertu, qui paix vivifie,
Verifie
Qu'en elle n'a nul deffault.

O vertu preservative,
Nutritive,
Des dolens confortative,
Tresactive,
En qui n'a riens à reprendre,
De tous biens demonstrative,
Veine vive,
De sens vivificative,
Fons et rive
Pour haultz ouvraiges aprendre,
Aux humbles sociative,
Attractive,

De bonté declarative;

      Qui arrive

Vers toy peult honneur attendre.

Ton subject ors faictz eschive

      Et le prive,

Contre personne chetive

      Point n'estrive,

Mais se garde de mesprendre.

Ceste vertu magnanime

      Tost anime

Les cueurs de honneste regime,

      Sans nul crime,

Pour les faire hault attaindre;

Contre vices dure lime,

      Qui fort lime,

Toute heure, soit nonne ou prime,

      Les opprime

Et tresbien les scet estaindre.

Plus par raison que par rime

      Tout exprime,

Et la personne reprime

      Qui perime

Bonté par mentir et faindre.

Jamais n'est pusilanime,

Mais intime
Vertu en tresgrant estime ;
Paix redime,
S'aulcuns la veulent enfraindre.

Tout homme vers force tende
Et entende
Qu'il convient, quoy qu'on atende,
Que Dieu rende
Aux pecheurs punition,
Et que justice descende
Qui les fende,
Sans ce qu'aulcun les deffende
Ne pretende
Donner contradiction.
Qui aura failli s'amende
Et descende
D'orgueil, que mal n'en despende,
Mais despende
Ses jours en perfection ;
Affin qu'en enfer ne pende,
Dieu n'offende,
Mais à bien faire s'entende ;
Ses biens vende,
S'il doibt restitution.

Le fort chasse folle crainte
            Sans contraincte ;
S'on luy faict injure mainte,
            Dueil ne plainte
Ne monstre, mais se tient ferme,
Et, comme personne saincte
            D'amour ceinte,
Pardonne l'offence emprainte,
            Quant sans faincte
L'offenseur se rend inferme,
En luy priant par complainte,
            De pleurs taincte,
Que vengeance soit restraincte
            Ou extaincte
En son cueur à celuy terme.
Rancune par telle attaincte
            Est destaincte ;
Doulceur y sera remainte,
            Mieulx que paincte,
Car honneur le cas conferme.

Aulcun besoing n'a le fort
            De confort,
Voise par plain ou par fort,
            Joyeulx port

Toute sa vie maintient,
A personne ne faict tort;
    Son effort
Est de donner reconfort;
    Faulx rapport
Ne croit, car bonté soustient;
Jamais ne nourrist discord,
    Mais accord
(Je vous en dy mon record),
    Et plus fort
A loyaulté la main tient;
Mieulx aymeroit souffrir mort
    Que cas ort
Commettre, ne mauvais sort.
    Riens n'en sort,
Fors ce que raison contient.

C'est ung cas qui trop nous blesse
    Quant noblesse
A le cueur de tel foiblesse
    Qu'el delaisse
Ce pourquoy fut ordonnée:
Car l'honneur et la haultesse,
    Qu'on luy dresse,
N'est pas pour vivre en paresse,

La jeunesse
Ne pour estre abandonnée
A deduis et à lyesse.
Sa maistresse
Est Minerve la deesse,
Qui sagesse
Des armes luy a donnée,
Et d'aultres vertus largesse.
S'on delesse,
Par malice ou par simplesse,
Tel adresse,
L'offence est tard pardonnée.

Ne cuides pas qu'aulcun vaille
Une maille,
Pour frapper d'estoc ou taille
En bataille,
Se vertu ne luy conduict
Pur harnoys blanc ou maille :
Car, sans faille,
Il n'est point plus seurre escaille,
Quel part que aille,
Qu'est force pour ung tel bruyt
Deffendre place ou assaille;
S'on luy baille

Des coups, dont ployer luy faille,
Qu'il deffaille;
Non faict, si force le duict.
Voulentiers prent sur la paille
Sa vitaille,
Afin que honneur luy en faille;
Mais garsaille
N'aime guaires tel deduict.

L'homme de lasche couraige
Est ymage
Du deshonneur et servaige,
Et s'engage
A toute confusion,
Car ung gentil personnage
Perd son aage
Si de honneur ne luit l'usaige;
Comme sage,
Las! se nous n'en usions,
Pas n'aurions le patronnage
De parage
Pour estre nourris en cage
Au mesnage
Qui se fait à son visage;
On peult dire, conclusion,

Qu'ung bon page
Vault mieulx de grant avantage.
Quel dommage
De veoir telle abusion !
Princes qui tenez haultz lieux,
Comme dieux,
Vous devez, jeunes et vieulx,
Valoir mieux
Que les petis indigens.
Pas n'estes faitz immortels,
Car mort telz
Vous rendra de brief comme ceulx,
Souffreteux,
Qu'on appelle povres gens.
Voz vestemens precieulx
És sainctz cieulx
N'yront pas ; vains, glorieux,
Vicieulx,
De bien faire negligens,
O gens trop delicieux,
Curieux,
Ayez Dieu devant voz yeulx ;
D'aultres jeux
Ne soyez tant diligens.

Fuyez injustes querelles;
　　　　Las! car elles
Font rapines et cautelles,
　　　　Prés, quant elles,
Que celles des temps passez;
De guerres viennent sequelles,
　　　　Dieu scet quelles,
Violences de pucelles
　　　　Qui plus celles
Ne seront: c'est perdre assez.
Rompre testes et cervelles,
　　　　Playes morteles,
Rober eglises, chappelles,
　　　　Choses belles
Ne sont pas. Pour Dieu, cessez.
Si vous estes tant rebelles,
　　　　Les nouvelles
Seront de vous trop cruelles
　　　　Et tresselles.
Dieu pardoint aux trespassez!
Par vos guerres et debatz,
　　　　Maintz cabas
Ont esté faitz hault et bas.
　　　　Telz esbas
Sont trop griefz à soustenir.

Le povre peuple en est las,
　　　Qui est là,
D'ennuy se voit sans soulas,
　　　Et dit : Las !
Dont nous pourra bien venir ?
Princes, ne pensez vous pas
　　　Le dur pas
Où mort, plus tost que le pas,
　　　Sans compas,
Vous veult faire convenir ?
Pour patrociner voz cas,
　　　Advocas,
Non cinq cens mille ducas,
　　　Au trespas
Ne vous sçauroient subvenir.

Jà ne verrez villain natre,
　　　Ne folastre,
Avoir vertu pour combatre,
　　　Ou debatre
Aulcune querelle honneste.
Trop mieulx se sçauroit embatre
　　　Et esbatre
A quelque povre homme batre
　　　Comme plastre,

En luy rompant bras ou teste.
Le fol pyre que ydolastre,
   En son astre,
Diroit qu'il en vauldroit quatre;
   Mais rabatre
En scet assez qui n'est beste.
Pour tel mal aquariastre
    Fault l'emplastre,
D'honneur le vertueux pastre,
    Qui abatre
Peut ton vice deshonneste.

O que c'est vilaine chose
   A qui ose
Querir los s'il ne s'expose
   Et dispose
És faitz dont honneur procede;
Qui d'ailleurs l'avoir propose
    Ou suppose,
Il n'est loy, texte ne glose,
    Rime ou prose,
Parquoy raison le concede.
Car noblesse s'y oppose,
    Et depose
Que qui demeure ou repose

Longue pose,
Là où honneur ne precede,
Grant blasme sur luy compose
Et impose,
Ainsi que le saige Orose
Bien expose,
Dont le sens maint d'autre excede.

Hault Createur perdurable,
Treslouable,
A tes servans secourable,
Piteable,
De tous biens source et racine,
Tant est ce monde damnable,
Detestable,
Incertain et decepvable,
Variable,
Où n'a de bonté nul signe,
Des humains trop guerroyable,
Peu durable,
Meschant et abhominable,
Miserable,
Car de tous maulx les assigne;
Mais t'amour incomparable,
Veritable,

Ta passion charitable,
Amyable,
Leur donnes pour medecine.

Force, la tresvertueuse,
Precieuse,
De deffendre curieuse,
Fructueuse
A qui t'a de son party,
O vertu effectueuse,
Glorieuse,
De vices injurieuse,
Envieuse
Que tout mal soit departy,
Contre peché oultrageuse,
Courageuse,
De bonté tresamoureuse,
Plantureuse,
Tant de biens viennent par ty
Que c'est chose merveilleuse,
Trespiteuse,
De veoir (œuvre dommageuse,
Mais joyeuse)
Que l'homme soit bien party.

Force n'est pas à luter,
Ne jouster,
A grans faitz au col porter,
Ou heurter
Contre aulcun, je le te jure;
Mais veult bonté supporter,
Conforter,
Et justice executer,
Disputer
Contre ceulx qui font injure;
Les vices doit amputer,
Hors bouter,
Tousjours les persecuter,
Sans doubter,
Car Dieu du tout les conjure.
L'homme qui veult hault monter
Doit domter
Ses pechez et degecter,
Pour gouster
Les vertus, s'il n'est parjure.

— Temperance, dame bien mesurée,
Qui n'est sote ne lourde, mais eurée,
Sobre, paisible, constante et asseurée,
Gouvernera,

Tout cest ouvrage à droit ordonnera,
Sans regarder qui plus or donnera,
Car sa clarté ceulx enluminera
   Qui bien la servent,
Et qui s'amour et sa grace desservent.
Toutes vertus en elle se conservent,
Et les berilles de rompture preservent,
   Car el conjoinct
Composéement en estat tient et joinct
Les lunettes et les mect à droit point,
Ou aultrement certes ne seroient point
   Assez entieres.
Ainsi ce sont icy quatre matieres,
Car prudence et justice premieres
Les deux verrines rendent nettes et cleres.
   Force ensement,
Comme j'ay dit dés le commencement,
Et ceste dame par elle va semant
La bonne graine, et donne avancement
   A ceulx qui lysent
Les beaux traictés et les vertus eslisent,
Dont les esperitz sur le soleil reluisent,
Et ne craignent que tenebres leur nuysent,
   Ne voyes brunettes.
Pour parfaire doncques cestes lunettes,

Dame attrempance je maintien que l'une estes,
Qui les tiendrés tousjours cleres et nettes,
Sans separer,
Pour bien prudence et justice parer.
Aussi force doit homme comparer
Ceste vertu qui sçaura reparer
Tout faict extresme,
Et t'aprendra amer Dieu et ton presme,
Tenir la foy qu'as promise en baptesme,
A l'esglise justement payer desme,
Avoir pitié
Du desolé et luy faire amytié,
De son ennuy portant tiers ou moytié.
Si autrement le fais, c'est maulvaistié,
Car c'est deffaulx
Pour avoir eu amour au monde faulx,
Avoir ravy l'autruy, comme herbe faulx,
S'estre orgueilly, montant les grans chaffaulx.
Ne doys tu pas
De humanité rompre le droict compas?
D'homme pecheur penitent tient le pas,
Radressant ceulx qui ne vont le droict pas.
Par avarice,
Ne quier haultesse, dignité ne office,
Dont la fin est d'ambition le vice,

Qui de tout mal est la source et nourrice.
           Tien toy content
Du temps qui court et ne va racomptant
Tes infortunes en disant : Dieu, com tant
J'ay à souffrir! Souvent le garson tend
           Faire tel faincte,
Querant bon nom com ayant de Dieu crainte,
En attrayant à soy personne mainte;
La figure qui est en son cueur paincte
           C'est faulx semblant,
Qui en temps chault se monstre tout tremblant,
Devant loyal et derriere semblant
Aux ypocrites, et tristes ressemblant
           Par fiction.
Dont te fault-il vraye cognition
Conduicte et mise par tel condition
Que ne seuffres quelque sedition
           Par desmesure:
Car attrempance, qui faict tout par mesure,
Te guydera com celle qui mesure
Et compose l'appetit et l'assure,
           Sans exceder.
Se tu assens l'appetit preceder,
Si que raison ne puisse succeder,
Riens ne feras qui doye proceder

A fin de grace.
Soyes advisé ne conduyre falace,
Car se ton cueur en tromperie se lasse,
L'on te verra fremir aussi, la face
　　　Toute pallye.
L'homme frauldeulx grant tourment trop allie,
En fin se mect com bon vin à la lye.
Mais, se fortune contre toy se ralye
　　　Et te combat,
Sans qu'ays riens fait qui deust mouvoir debat,
Dont corps ou biens ayent en leur cas rabat,
Pren ce qui vient com si c'estoit esbat,
　　　Et soit cachée
Ta passion et dedans atachée,
Si que dehors n'ayes la face tachée,
Juc attrempance l'ayt traicte et arrachée
　　　Par bonne fin,
A quoy viendras sans doubte à la parfin,
Se mouvemens premiers restrains, à fin
Que, par prudence, le berille tres fin,
　　　Ays propos ferme
Sur raison prins, qui en bien le conferme.
Que ta pensée ne soit jugée inferme,
Changeant à coup, ne tenant jour ne terme;
　　　Mais bien souvent

Euvres conduys et soubz pluye et soubz vent,
Dont l'yssue ne se tire en avant;
Lors fault prendre aultre point relevant
Et le conduyre.
Pas inconstant n'es se te veulx reduyre
A la raison et par elle te duyre.
Garde toy bien, car se n'as perdu yre,
Incontinent
Auras fureur, seras incontinent,
Par ton maintien du tout impertinent;
Mais temperance tient moyen pertinent
En tous ses œuvres.
Quant par prudence aucunes choses œuvres,
Crainte te rend tout suspect si tu n'euvres
L'entendement à ce que tu receuvres
Quelque fiance,
Car, si chascun prenois en deffiance
Sans t'asseurer, je diroys donc : Fy en ce
Qu'avec aulcun ne trouvois alliance.
Mais de rechief
Trop grant seurté engendre peril et grief,
Et par trahyson maine l'homme à meschief,
Et à douleur qui n'aura jamais chief.
Car, quant t'asseures
Et tu cuydes estre aliances seures,

Et ne le sont, tu souffriras blesseures
Et gousteras les verdes pour les meures.
Donc est deceu
Le bon amy : experience as de ce eu
Que par trahison grant douleur as receu,
Et d'y pourveoir la maniere n'as sceu ;
Pourquoy seras
Tout titubant, pensant que laisseras
Ou que prendras, et jà ne cesseras
De te pener, mais, quant bien penceras
Dame attrempence,
El te dira : Mon amy, apren ce,
Entre avec moy, et en y entrant pense
Que fol est cil qui temps et sens despence
Et met sa cure,
S'il est d'eglise, d'obtenir mainte cure,
Se seculier, grans offices procure,
Dont le pourchaz plaisir et joye obscure.
Tien toy plus bas,
Suffise toy de petit et t'esbas,
Car, se tu n'as en tout bien que deux bas,
Plus eureux es que si prenois debatz
Pour plus avoir
Honneurs, offices, richesse et avoir,
Que tu ne peuz sans dangier recepvoir.

Telz grans labeurs te font appercepvoir
　　　　Les faitz terrestres,
Variables et tous plains de tempestes.
Les plus puissans font aux petis molestes,
Biens ravissans s'entrerompent les testes,
　　　　Et, pour excuse,
Le grand paillard le laboureur accuse,
Disant : Villain, tu es cil qui abbuse,
Et tout espoir de justice luy ruse.
　　　　Dieu tout puissant!
Foragiers viennent quatre vings et puis cent,
Et le povre homme, despourveu d'apuy, sent
Grant angoisse, cil qui est nourrissant
　　　　De tous estatz,
Quant fein et paille ou villaige a grans tas.
Petis seront à la fin les restas.
S'il plaint et dit : Tout mon bien emportas,
　　　　C'est temps gasté,
Car onc sanglier ne fut de prés hasté
De chiens mordans, ne de luy fait pasté,
Tant com sera de reprouches tasté.
　　　　Chascun dira
Mal contre luy, jurera, mesdira,
Maulgrera Dieu qui luy contredira,
Parjuremens, blasphemes redira.

C'est la maniere

Comme va bas en cent ans la baniere,

Et le paisant tenant vertu planiere

Boit o les roys d'Anjou et de Trosniere

Et aultres vins.

Advise donc l'humble estat dont tu vins,

Et que tes ans envis sont quatre vings,

Dont en jeunesse les services divins

Du tout refuses.

En fol amour et charnel ton temps uses,

Non regardant le dangier où t'amuses.

Telle folie de ta jeunesse ruses,

N'y contredis,

Ayes vergongne si villains sont telz ditz ;

Soyes courtoys, non lourd et estourditz ;

Aux anciens exibe honneur tous dis

Et reverence ;

Avec les bons retien ta demeurance,

Ensuy leurs meurs, ayes perceverance,

Contre ton vueil bataille à oultrance,

Et te habitue,

Car, quant auras vertu par habit eue,

Tu verras que le vice subit tue

Et jeunesse de folie destitue.

Et quant viendras

Qu'à parfait aage, Dieu donnant, parviendras,
Fort et puissant de ton corps deviendras ;
Se lors n'as frein de raison, tu vendras
        Toute ta terre
Et à chascun prendras estrif et guerre,
Dont par aprés te fault vivre à desserre.
Ceste vertu commande, qui point n'erre,
        Que bons accors
Tu ensuives pour saulver ame et corps,
Car envie ne poursuit que discors.
Et souvent vient, par mensongiers recors,
        Que malle bouche
S'en va semant, faisant aultruy reprouche.
Fuy son venin, ta personne ne touche,
Et mal parleur de ton hostel n'approuche,
        Car aultrement,
Temperence n'auroit gouvernement
De ton affaire, et trop petitement
Seroys laissé sans avertissement
        Jusqu'à vieillesse
Foible et enferme, car force le vieil laisse,
Et maladie le prent et maine en laisse.
Mais quant long temps as voulu pour adresse
        Tenir droicture,
Tu as acquis par temps aultre nature.

En tout honneur prendras ta nourriture ;
Lors, se mal faitz, c'est trop grant adventure.
   Conduy tes sens
En telle forme que raison ne soys sans,
Et à folie jamais ne te consens ;
Ne monte hault ne trop bas ne descens,
   Le moyen garde ;
De toutes pars metz en toy seure garde :
L'on oyt tes ditz, tes gestes on regarde ;
Bien yras droict, si aulcun ne te larde.
   Aprens aussi
A soustenir douleur sans grant soucy,
Et, se tu l'as, n'en fais semblant ne fy,
N'en soit ton port ne ton maintien noircy ;
   Et, pour grant joye,
Ne monstre pas que ton cueur s'en esjoye :
Tien toy rassis : changer on ne te voye ;
Tel legierté ne conduis champs ne voye.
   Mais t'aplicque
A Dieu aymer, parens et bien publicque.
Viles parolles ne mensonge n'explique,
Et au jengleur ne contens ne replicque,
   Car de doctrine
Ne veult il point ne prendre discipline,
Tout son vouloir à mal parler s'encline,

Et son honneur peu à peu se decline
Contre prudence.
Doulcettement l'ung passe oultre qui dance,
L'autre ne bruyt que par oultrecuidance,
L'ung à l'autre desplaist non cuidant ce;
Et pour ce brigue
S'ensuyt entre eulx et chascun fait sa ligue,
Pour s'eslever fera dons de prodigue.
L'homme attrempé pas n'en donne une figue,
Mais son temps passe
En tout honneur, droictement tout compasse,
Ainsi vivant jusqu'à tant qu'il trespasse.
Sans temperance on ne fera pas ce.
Pource, conclus
Que tous estatz, sans point nul estre exclus,
Convient qu'ilz soient soubz son enseigne inclus,
Pape, evesque, mandians et reclus.
Ne la deprise,
Ne soyes aucteur de maulvaise entreprise,
Et les aucteurs ne reclame ne prise,
Car trop male est la voye qu'ilz ont prise.
Mieulx vault seul estre,
Ou peu de gens tenir dedans ton estre,
Que compagnie te face descongnoistre
Les perilleux pas qu'à passer doibs congnoistre.

Et, pour bien vivre,
Boy sobrement et jamais ne t'enyvre,
De viendes moins soyes plain que de livre,
A gourmander par excés ne te livre,
Et par exprés
Les sainctz jeusnes observeras de prés,
Des mandemens de Dieu te tiendras prés;
Ne passeras ne matines ne vespres
Que bien ne faces.
De povres gens pren en pitié les faces
Fameliques, à fin que les refaces.
De cruaulté le nom en toy effaces.
La douleur vince.
Se Dieu t'a mis en hault estat de prince,
Je desire que tu ayes aprins ce
Pour gouverner mainte grande province :
Il te convient
Plus avoir soing que cil qui dessoubz vien:
En bas estat, dont assez luy souvient,
Car tu as charge de sçavoir que sourvient
Sur tes subjectz.
Garde qu'ilz soyent d'oultrages protegez,
Et par droicture, s'ilz ont meffaitz, jugez
Selon leurs cas, puniz et corrigez.
Mais ta plaisance,

Ta liberté, ton eureuse naissance,
Ta jeunesse, ta fortune et puissance
Te seduisent et portent grant nuisance.
        Las! ton plaisir
Tantost sera tourné en desplaisir;
Infortune viendra pour te saisir;
Vieillesse et mort ne donneront loisir
        De plus t'esbatre.
Que faut-il donc? Contre soy fort combatre,
Grans matieres veoir en conseil debatre,
Le bon conseil ensuir, le mal abatre,
        Et prendre advis
Avecques ceulx qui seroient envis
A gens sages, en parlant vis à vis,
Pour mieulx congnoistre quelz motz sont mors ou vifz,
        Car la parole
Monstre en effect se la personne est folle
Ou discrete, qui ainsi la parolle,
Et mieulx se voit qu'il ne seroit par rolle
        Ou escripture.
Ainsi poise plus les motz que lecture,
Voy en aprés si, en lieu de oincture,
Trouveras point dangereuse poincture,
        Car la science
De conseilliers ne vault sans conscience,

Mais grant valeur ont ensemble si en ce
Soit comprinse la longue experience.
            Pour fondement,
Doibs proceder en bien profundement,
En loyaulté, en vivant mundement,
Sans temps gaster, parler bien rondement
            Non de laidure,
Des folles femmes, d'ivrongnerie, d'ordure.   .
De louer vices c'est chose griefve et dure,
Blasmer vertu, helas! trop ce temps dure,
            C'est merveilles.
En paillardie toute la nuyt tu veilles,
Pour les jeunes tu t'acointes de vieilles;
Je te supply que tes folies vueilles
            Tost coriger,
Et meurement ton chemin diriger
A vray salut, et à Dieu porriger
Saincte oraison, pour à luy te eriger.
            Lys les exemples
Des hystoires anciennes bien amples;
Aprés qu'auras servi Dieu és sainctz temples,
Bien te viendra si en telz lieux contemples
            La grant bonté
Du Createur, qui, par sa voulenté,
A sa semblance t'a formé et dompté,

Donné royaulmes, maintz duchés et contez.

   Et, en faict d'armes,

Soit ton deduict, s'il fault que souvent t'armes,

Exercite, lances, haches, guisarmes.

Et theologie laisse aux prescheurs et carmes,

   Car theologie

Estudier, aussi astrologie,

N'est pas besoing, car ta maison regie

Mieulx n'en seroit par icelle clergie.

   Pour temps passer,

A jeux honnestes tu te peulz deslasser,

Luter, saillir, sans bras ne piedz casser,

Courir aux barres pour plus force amasser ;

   Mais aultres jeux,

Certes hazars sont à tous dommageux,

Las ! on y jure, on dit motz oultrageux :

Ilz ne m'ayment, et aussi ne fais je eulx,

   Car tost le riche

Par telz esbatz ne retient une briche,

Dont fault qu'il pille or, argent, vin et miche,

Ses crediteurs il blece, abuse et triche.

   Se vous doubtez,

Princes et roys, qui estes hault montez

En royaulmes et duchez et contez,

Du hault degré fault que les pas comptez,

Ou que à ung sault

Vous cheez bas, sans qu'on vous donne assault.

De temperance vertu eureuse sault,

Et pas à pas voyage sans tressault.

Conclusion :

Voy qu'en ce monde n'a que confusion,

Ceulx qui le suyvent n'auront infusion

D'aulcune grace, ains toute illusion

Rapporteront

Et en la fin, qui les conforteront ;

Quant du monde riens n'en emporteront,

Mais en enfer les peines porteront

De leurs dessertes ;

Là n'y aura ne pain ne vin de sertes.

Donc maintenant en ces voyes desertes

Prenons plaisir en Dieu et tresacertes

Esjouissons,

Passant le temps duquel nous jouyssons

Sans varier, pour avoir ouy sons

Des batemens où nous rebaudissons,

Dont est versé

L'entendement et du tout renversé.

Tel fantaisie m'a tresfort adversé ;

Remede y a, c'est quant j'ay conversé

Avec gens dignes

Qui ayent honneur par louenges condignes;
Se tu les suys, ou tu souppes, ou disnes,
Tu porteras de leurs bontez les signes,
   Dont pourra lors
Estre joyeulx plus que n'avoys amors;
De conscience n'auras triste remors,
Car de raison auras bride à haulx mors.
   Oultre t'enhorte
Ne te fier en ta puissance forte,
Ne aux richesses que le monde t'aporte:
En ung moment tout ce le vent emporte,
   Se Dieu n'as mys
De ton party, plus chier de tes amys.
Contre luy n'ont pouvoir les ennemys,
Et sans luy tost tout est à bas remis.
   Fay que conformes
Tes voulentez en telz moyens et formes
Qu'entre il et toy ne soyent trouvées difformes;
Et t'en souviengne chascun jour, ains que dormes.
   Si fault que fermes
Ton appetit et à raison confermes.
Pour t'enrichir ne transgresse les termes
Que tes parens ont tousjours tenu fermes,
   Car la fortune
Change souvent et n'est tous dis, fors une;

Et qui prent trop ne vit sans infortune,
Dont procedent guerres, tensons, rancune.
Quier le repos,
N'entrepren guerre pour casser buys ne pos;
Advise bien quant et à quel propos.
Mieulx vault du sien partie mettre en depos
Que faire guerre.
Se aultrement conseille, ma langue erre.
Dieu conforte tous ceulx qui à la terre
N'ont trop leur cueur, mais au ciel est leur erre.
Telz jouyront
De leurs plaisirs, entre eulx s'esjouyront,
Par compaignie au pays d'Anjou yront
Et aultres lieux, où bien se nourriront;
Par tout le monde
Auront seurté et la paix juste et monde,
Et ne trouveront adversité profonde
Tant que mort ou guerre, que Dieu confonde,
Ayent rué jus
Les doulx plaisirs là où ilz auront jeus;
Lors gousteront plus aigre que verjeus.
C'est la saison que par maintesfois je eus.
Et, pour fin faire,
Temperance te sçaura bien parfaire,
Se t'acointes de ses œuvres parfaire,

Car pour les dictz ce seroit à refaire.

Dieu, par sa grace,

A tous nous aultres qui maintenons la trace
De ses vertus, prions qu'en nous efface
Tous nos pechez, pour le veoir face à face.
Ainsi l'ottroye Celuy qui vit et regne
Eternelment, en son hault siege et regne.

AMEN.

NOTES

——

Page 5, ligne 5. *Il congnoistra que je fauldroye envis :* que je manquerais malgré moi. Envys, *invitus.*

6, 1. *Courire sure,* pour : courir sus.

7, 16. *C'est à bon droit se ma joye suspence :* si je suspends ma joie, si je suis triste.

8, 2. *Le bon duc Jehan.* Jean V, duc de Bretagne, dont le long règne dura de 1399 à 1442. Le portrait que Meschinot fait de ce prince est confirmé par les historiens, Dom Lobineau notamment, qui le loue de sa magnificence et de sa bonté.

9, 7. *Le duc Françoys et conte de Montfort.* François Ier, comte de Montfort, fils aîné de Jean V, gouverna la Bretagne de 1442 à 1450. Il guerroya contre les Anglais et les Normands ; Meschinot l'appelle avec raison un prince belliqueux.

— 10. ... *sçavoir au fort :* savoir à fond.

11, 2. Mettre *à chef :* achever, venir à bout.

13, 3. *Ung sien frere Pierre nommé :* Pierre Ier, second fils de Jean V, et duc de Bretagne de 1450 à 1457. Il aima son peuple et fut, au rapport de Lobineau, « libéral plus qu'aucun duc de Bretagne l'a esté ».

13, 15 et suivantes. *Ung ancien, leur oncle tresnotable.*
C'est Arthur de Bretagne, comte de Richemont, connétable
de France, depuis duc de Bretagne sous le nom d'Arthur III.
Son règne ne fut que d'un an (1458-1459). Il avait été un
des libérateurs du territoire français.

14, 21-24. *Cellente,* abréviation d'excellente. — *Manante,*
qui coule, d'où découle quelque chose (latin *manare*).

15, 5. *Souvenir me ard.* Exemple très fréquent chez
Meschinot de l'*e* muet non contracté devant une voyelle et
ne comptant pas pour une syllabe. On lit encore dans *le
Misanthrope* :

> *Allez voir ce que c'est, ou bien faites-le entrer.*

18, 13. *Il ne me chault de Gaultier ne Guillaume.* Je me
moque de tout le monde, proverbe qui fut remplacé à la fin
du XVIe siècle par : se moquer de Gautier et de Gar-
guille. La version de Meschinot est dans le *Moyen de parvenir.*

19, 5. ... *Meun sur Hievre* (on écrit généralement *Méhun-
sur-Yèvre*), chef-lieu de canton du Cher, arrondissement de
Bourges. La cour de Charles VII y résidait souvent, et il y
subsiste des ruines d'un château royal.

20, 1. *J'ay voyagé en Anjou et en Perche.* Première allu-
sion aux voyages de l'auteur, qui parle complaisamment, et
à plusieurs reprises, de la terre angevine. *Aller par compagnie au pays d'Anjou* constitue pour lui un souhait de bon-
heur.

31, 6. *Assavoir mon. Mon,* particule affirmative que cor-
robore encore *assavoir. C'est mon,* dans Corneille ; *ça mon,*
dans Molière ; *savoir mon,* dans Tallemant des Réaux.

33, 7. Meschinot amalgame l'histoire et la légende. Il
nomme Hector, Godefroy (de Bouillon), Lancelot du Lac,
un des douze chevaliers de la Table-Ronde. Quant à Geofroy à la grand' dent, les romanciers du Moyen-Age le

donnent pour fils à la fée Mélusine. Il remplit de ses exploits fabuleux l'Europe et la Terre-Sainte. La légende a idéalisé la figure du véritable Geofroy, petit-fils de Hugues VIII, seigneur de Lusignan.

33, 14. Paul Orose, dont le nom est ici rapproché de ceux de Virgile et d'Homère, est un historien et controversiste latin du Ve siècle, très fameux au Moyen-Age et jusqu'à la fin du XVIe siècle.

39, 15. ... *nulle rien. Rien* ou *riens*, au féminin, dans le sens de personne. « La plus belle *riens* vivant. » (Chanson du XIIIe siècle, citée par Lacurne de Sainte-Palaye.) — *Riens*, qui vient du latin *res*, a aussi le sens de *chose*.

44, 1. A cette description très pittoresque de la vendange, que Meschinot avait pu voir sans sortir de Bretagne, on comparera les vers de Remi Belleau :

C'estoit en la saison que la troupe rustique
S'appreste pour couper de ceste plante unique,
De ce rameau sacré, le raisin pourprissant.
C'estoit en la saison que le fruit jaunissant
Laisse veuve la branche, et le souillart autonne
Fait escumer les bords de la vineuse tonne.

(Première journée de la BERGERIE. — *Les Vendangeurs*.)

50, 9. ... *unes lunettes*, pour : une paire de lunettes. *Unes houses de basane*. (Grand *Testament* de Villon.)

56, 6. *Devant que saiches dire ya. Ya*, oui, est bas-breton comme allemand.

59, 10. ... *tous dis* : tous les jours.

60, 25. *Voy ce que dit en a Chaton*. Dionysius Caton, l'auteur des *Distiques moraux*; le moine Everard les avait traduits en français dès le XIIe siècle.

61, 25. A *ban donner* n'est autre chose que la décomposition d'*abandonner* et a le même sens. *Ban*, qui signifie parfois exil, et *bandon,* qui exprime le fait de laisser quelqu'un à l'écart, sont un seul et même mot.

66, 11. ... *monstre :* prodige, chose incroyable. « Je diray un *monstre,* mais je le diray pourtant. » (Montaigne.)

69, 8. *Hom :* homme, une orthographe fréquente dans les *Fabliaux* et dans Villon.

> *S'il y a hom d'aucune renommée.*
>
> (Ballade : AU NOM DE LA FORTUNE.)

70, 7. Aller *parmy les mars.* Meschinot menace *ceux qui sont riches de mille mars (marcs,* monnaie ancienne, le *mark* allemand) de ne pas aller *parmy les mars,* de ne pas vivre jusqu'au milieu du mois de mars.

— 17. *Qui fineront encore ouen :* qui mourront (finiront) encore *cette année. Hoan, oan, ouan, ouen,* viennent de *hoc anno.* (V. le *Dictionnaire* de Godefroy au mot *Oan.*) — On a imprimé par erreur, dans cette édition, le mot *ouen* avec une majuscule.

72, 17. ... *vin d'Anjou et osoye. Osoye* (il faut peut-être lire *Ausoye*) pourrait bien indiquer une localité célèbre par ses vignobles. Nous avons cherché ce mot vainement dans le *Dictionnaire de l'Anjou* de M. Célestin Port.

74, 9. Jetter *au parsus :* parachever.

79, 11. *Croy tu que Dieu t'ayt mis à prince. A* n'a pas ici le sens d'*avec,* fréquent dans les vieux auteurs, mais celui de *en :* Crois-tu que Dieu t'ait fait paraître en prince ?

85, 4. *Se tu vas à Sainct Innocent,* aux Innocents, très ancien cimetière de Paris où se trouvait un charnier célèbre. C'est là que nous transporte le *Grand Testament,* de Villon :

> *Quand je considere ces testes*

Entassées en ces charniers,
  Tous furent maistres des requestes...

Meschinot, mort en 1491, a bien pu connaître la première édition de Villon, publiée en 1489.

89, 5. *Vacquation.* On trouve plus souvent *vacation* ou *vaccation* : vacance, plaisir, et, dans un autre sens, occupation, devoir. Meschinot fait rimer le mot avec lui-même dans ces deux sens.

91, 10. ... *à mau chat mau rat :* variante peu connue du proverbe : *A bon chat, bon rat.*

92, 17. *Truye ne scet que vault espice :* locution proverbiale qui se trouve encore dans la *Comédie des Proverbes* (1665).

95, 5. *Nully :* nul, aucun, personne.
  Je crois que nully ne s'en cource.

(Sixième REPEUE FRANCHE.)

99, 17. *Mal se muce à qui le cui pert :* proverbe que nous n'avons pas rencontré ailleurs. *Se mucer* ou *musser* (se cacher).

100, 13. *Il n'est pas toujours cours d'anguilles.* Les marchés d'anguilles étaient encore très fréquentés au XVIIIe siècle. L'expression *cours d'anguilles* est prise ici au sens figuré, proverbialement.

104, 20. ... *mettre l'œuvre au parfond :* parfond est mis pour profond. Cette expression signifie donc approfondir l'œuvre, la traiter à fond.

117, 4. *Quant elles :* à l'égard, pour ce qui en est d'elles. On dit encore, dans les environs de Nantes et d'Angers, *quant et moi,* pour *avec moi.*

126, 16. *Juc,* pour *jusque.* C'est une contraction que nous n'avons pas rencontrée ailleurs.

129, 9. *Ruser* quelque chose à quelqu'un, le lui enlever par ruse.

130, 4. ... *les roys d'Anjou et de Trosniere* (ou Crosniere). — Qu'est-ce que ce Trosnière? Est-ce le Crosmières, commune de la Sarthe, arrondissement de La Flèche?

133, 25. ... *Perilleux* doit probablement se prononcer ici *Prilleux* pour les besoins de la mesure.

137. 5. *Theologie. Theo* ne doit compter dans ce vers que pour une syllabe, comme si l'on écrivait *thologie*.

GLOSSAIRE

Abusion, abus ; lat. *abusio.*

Accessaire, accessoire (pour le besoin de la rime).

Accourcir, faire plus court ; lat. *curtare.* On dit aujour-
d'hui : raccourcir.

Acerte, vif ; latin *acer, alacer.*

Addis, addition ; terme de la Coutume de Bretagne. (Le
Dictionnaire de Godefroy cite Meschinot.)

Ades, déjà, bientôt ; italien *adesso* (du latin *adsum*), à présent.

Affier, assurer.

Allouer, ou plutôt Alouer, approuver.

Alye, ou Alie, alise, fruit de l'alisier.

Ancelle, servante ; lat. *ancilla.*

Aorné, orné ; lat. *adornare.*

Appareiller (S'), s'apprêter.

Arsure, morsure ; de *ardere.* On trouve aussi *ardre.*

Assavourer, pour *savourer.* (N'est pas dans Nicot.)

Assent, abréviation d'*assentement,* consentement.

Asserrer, enserrer.

Assertir, lier de cordes, enchaîner.

Asseur, assuré.

Attendre (S'), s'appliquer.

Attrempance, tempérance.

Autieux, oisif ; d'*otiosus.* (*Idiotisme* de Meschinot.)

Avironner, environner.

Barat, tromperie ou finesse.

BARGE, meule de foin (encore usité en Poitou).

BERILLE, béryl, pierre précieuse.

BERS, pour *berceau* (très usité encore en Bretagne).

BILLE, BILLER, morceau de bois, attacher sur un billot.

BOÉ, boue. (*Idiotisme* de Meschinot.)

BOUTZ, ou BOUTS, points de côté.

BREBIETTE, diminutif de *brebis*.

BRICHE, forme de pain ; par extension : fragment. — *Pas une briche,* rien du tout.

CABAS, tromperie, vol.

CAUTELLE, ruse.

CAVILLATION, moquerie ; lat. *cavillatio*.

CHAFFAULT, pour *eschafault*.

CHANU, pour *chenu*.

CHEVANCHE, ou CHEVANCE, fortune. — *Chevir* veut dire posséder.

CHOISIE, pour *choix*. (*Idiotisme*.)

CLERGIE, profession de clerc, ou science de clerc.

COMPAING, compagnon ; l'argot dit : *copain*.

COMPOST, arrangement, ensemble.

CONFORTASSION, consolation. (Godefroy n'indique pas ce sens.)

CONQUESTER, conquérir.

CONTENDRE, débattre contre quelqu'un ; lat. *contendere*.

CONVIS, repas ; lat. *convivium*.

CORDELLE, ou CORDELETTE, petite corde (sens figuré).

CUYTE, cuisson.

DECOSTE, à côté de, du côté de.

DEFFROY, pour *desfroy*, trouble.

DEPORTER, sens très variés ; s'ébattre, endurer.

DERRAIN, dernier (en langage picard).

DESPITEUX, irascible.

DESROY, pour *désarroi*.

DESME, dime.

DESSEIGNER, faire une saignée à ; par extension : décharger

de. Il y a aussi *desseigner* (du latin *designare*) qui signifie former un dessein.

DESSERTE, mérite bon ou mauvais, récompense due.

DEULOIR (SE), se douloir, se plaindre.

DOUBTER, redouter.

DUIR (SE), se façonner, s'accoutumer; au participe passé, *duict*.

ELATION, ou ELACION, orgueil, faste.

EMBLER, prendre furtivement.

ENCLOSE, clôture.

ENFERME, infirme.

ENGIN, au sens figuré d'entendement; lat. *ingenium*.

ENHORTER, exhorter.

ENRIEVRE, désordonné, dissolu; sens spécial à Meschinot. Le sens ordinaire est méchant, malicieux.

ENSACHER, mettre dans un sac; attirer. Plus souvent : *ensachier*.

ERRE, chemin parcouru. — *Aller à grand erre.*

ESCHARS, parcimonieux; lat. *parcus*.

ESCHIVER, ou mieux ESCHEVER, éviter.

ESTABLE, pour *établi*. (*Idiotisme.*)

ESTRIF, ESTRIVER, débat, débattre contre quelqu'un.

ESTRANGE, étranger.

EURÉ, heureux.

EXERCITE, armée; lat. *exercitus*.

EXPOS, exposition. (Le *Dictionnaire* de Godefroy cite Meschinot.)

FAILLE, faute, manque. — *Sans faille,* sans faute.

FAILLI, souffreteux, chétif. (Expression encore usitée à Nantes. Dans le Nord, on dit *failleux*.)

FEAULTÉ, fidélité.

FINER, finir, mourir.

FLAMBE, ancienne forme de *flamme,* presque seule usitée au XVIᵉ siècle avec *flamble*.

FORAGIER, celui qui perçoit le *forage,* taxe imposée sur les boissons.

FOUIR, pour *fuir.* (*Idiotisme.*) Ailleurs il signifie : enfouir.

FROSTE, abandonné, ruiné. — Non raboté (?).

GARRE, bigarré, de deux couleurs.

GARSAILLE, troupe d'enfants ; terme très usité encore en Bretagne.

GENOUIL, forme ancienne de *genou.*

GLOUTONNIE, gloutonnerie.

GOURMANDIE, gourmandise.

GOUVERNE, ou GOVERNE, gouvernement.

GREIGNEUR, ou GRIGNEUR, plus grand ; lat. *grandior.*

GREVANCE, grief, tort.

GUERMENTER (SE), se plaindre ; lat. *ingemiscere.*

GUILLE, souvent accolé à *Barat ;* supercherie, tromperie.

GUISARME, arme à tranchant recourbé et à pointe droite.

HACQUE (origine germanique), cheval ; d'où *haquenée.*

HAICT, promptitude ; d'où *haictant, haitant,* se hâtant.

HAIN, hameçon ; du lat. *hamus.* On trouve plus souvent *haim.*

HARDEMENT, hardiesse ; mot déjà ancien du temps de Nicot.

HERCER, pour *herser,* manier la herse.

INOBEDIENCE, désobéissance, négligence.

INSUPERABLE, invincible, insurmontable.

INVENTOIRE, ou INVENTAIRE, catalogue, liste.

JUSTICIER, rendre la justice.

LABILE, fragile, inconstant ; lat. *labilis.*

LASSEUR, lassitude.

LASSUS, pour là-dessus.

LIEPPE (adjectif), bon à boire ; d'où : franches *lippées.*

LIGENCE, servitude ; de *lige,* vassal.

Los, pour *loz,* louange ; lat. *laus.*

MABRE, marbre.

MAILLE, MAILLER, tache, tacher.

MAINS, moins.

MARGE, bord.

MAULVAISTIÉ, MAUVAISETÉ, méchanceté.

MEILLIEU, milieu.

MENCHE, manche.

MENSION, séjour ; lat. *mansio*.

MERCHE, ou MERQUE, marque.

MERCIER, remercier.

MESCHANCE, synonyme de *malechance*.

MICHE, miette.

MISTE, propre. Paraît venir du latin *mistus* (ou *mixtus*) qui signifie *mélangé*, mais se prend aussi dans le sens de *préparé* (en parlant d'un breuvage). Par extension, en parlant des personnes : aimable, gai.

MONITOIRE, servant à avertir ; lat. *monitorium*. Adjectif pris substantivement.

MUNDE, pur ; lat. *mundus*.

MUNDIEN, du monde.

MUSER, faire le musard, perdre son temps ; réfléchir sur.

MUT, ou MU, muet.

NATRE, ou NASTRE, avare, ladre, méchant.

NONSÇAVANCE, ignorance.

NYENT, néant, rien.

O, autant comme, avec.

OBLIER, pour *oublier ;* encore employé en Bretagne.

ŒUVRER, travailler.

OFFICIER, toute personne pourvue d'un office.

ONCQUEMAIS, jamais.

ORENDROIT, à présent.

OST, armée.

OSTENTION, montre, ostentation.

PAROLER, parlementer. (*Idiotisme.*)

PERDOYS, perdition. (*Idiotisme* de Meschinot.)

PITEABLE, pitoyable, miséricordieux.

PLAING, plainte.

PLET, plaidoirie. *Plaid* est dans *les Plaideurs.*

PORRIGER, tendre ; lat. *porrigere.* (*Idiotisme* de Meschinott.)

POU, peu. Dans le même sens : *poc.*

PRESME, PROESME, préface ; lat. *procemium.*

PROTHECOLE, protocole.

QUOQUART, niais, coquart.

RAMENTER, pour *ramentevoir,* rappeler.

RAPASSER, repasser.

RECOLER, rappeler.

RECORD, souvenir.

REMAINT, resté ; lat. *remanere.*

REMEMBRER (SE), se rappeler.

RESTAS, reliquat.

RETENUE, réserve, gage, salaire.

REVOIT, convaincu.

REZ, rasé, tondu ; lat. *rasus.*

RIBLER, faire du brigandage.

RIVET, lacet.

ROBEUR, voleur ; d'où vient *dérober.* En anglais, *robber.*.

RONGNE, rugosité. La *rogne* est la gale invétérée. Paraît
venir de l'accusatif latin *rubiginem,* rouille.

SACQUER, mettre en sac ou à sac.

SARGE, serge.

SCELLE, sceau.

SEQUEURIR, secourir.

SERTE, temps de service d'un valet. — Employé aussi pour
sorte.

SUPPOT, supposition.

TARGE, bouclier.

TEICT, toit ; du lat. *tectum.*

TEMPOREUX, passager.

TENSON, querelle, rixe.

TERRIEN, terrestre.

TONZE, tonsure.

TRENCHER (substantif), écuyer tranchant.

TY, toi; encore usité dans les campagnes bretonnes.

ULLERIE, hurlement; lat. *ululatus*.

UNETTE, probablement le même que *hunette*. Godefroy,
qui donne ce mot, n'en indique pas le sens, mais cite un
document de 1406 où des *hunettes de fer* sont des pin-
cettes avec lesquelles on mettait les baguettes dans le
fourneau des canons.

UNIVERSITÉ, assemblée ou communauté.

VENDITION, vente par trahison. (Lacurne de Sainte-Palaye.)

VERMET, vermine.

VERRINE, verre de lunettes.

VITAILLE, viande, vivres, victuaille.

VOIRRE, verre.

VUEIL, vouloir, volonté.

YREULX, colère; du lat. *ira*.

YSSIR, ISSIR, sortir; lat. *exire*.

Imprimé par D. Jouaust

POUR LA COLLECTION

DU CABINET DU BIBLIOPHILE

NOVEMBRE 1890

CABINET DU BIBLIOPHILE

Exempl. *Chine* et *Whatman* (prix doubles) des n°s 5 à 34.

4328. — Imp D. Jouaust.

www.ingramcontent.com/pod-product-compliance
Lightning Source LLC
Chambersburg PA
CBHW072041090426
42733CB00032B/2052